本书由北京市社会科学基金项目"京津冀旅游一体化下北京旅游发展定位与路径研究"（项目编号：16YJC044）资助出版

京津冀旅游一体化下北京旅游发展定位与路径研究

Research on the Orientation and Path of
Beijing Tourism Development under the Integration of Beijing,
Tianjin and Hebei Tourism

赵慧娟／著

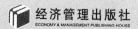

经济管理出版社
ECONOMY & MANAGEMENT PUBLISHING HOUSE

图书在版编目（CIP）数据

京津冀旅游一体化下北京旅游发展定位与路径研究／赵慧娟著. —北京：经济管理出
版社，2020. 9

ISBN 978-7-5096-7487-1

Ⅰ. ①京…　Ⅱ. ①赵…　Ⅲ. ①地方旅游业—旅游业发展—研究—北京　Ⅳ. ①F592. 71

中国版本图书馆 CIP 数据核字（2020）第 164421 号

组稿编辑：杨　雪
责任编辑：杨　雪　杜奕彤　陈艺莹
责任印制：黄章平
责任校对：王淑卿

出版发行：经济管理出版社
　　　　　（北京市海淀区北蜂窝 8 号中雅大厦 A 座 11 层　　100038）
网　　　址：www. E-mp. com. cn
电　　　话：(010) 51915602
印　　　刷：唐山昊达印刷有限公司
经　　　销：新华书店
开　　　本：720mm×1000mm/16
印　　　张：10. 25
字　　　数：195 千字
版　　　次：2020 年 11 月第 1 版　　2020 年 11 月第 1 次印刷
书　　　号：ISBN 978-7-5096-7487-1
定　　　价：55. 00 元

前　言

　　当前，我国经济发展正处于转型升级的关键时期，国内旅游市场持续高速增长，旅游业成为新旧动能转换的重要切入点，不仅自身能创造有效供给，而且在产业链中关联性、带动性强，是拉动经济增长的重要动力。旅游是人民生活水平提高的产物，也是美好生活的重要体现。党的十九大报告指出："我国社会主要矛盾已经转化为人民日益增长的美好生活需要和不平衡不充分的发展之间的矛盾。"旅游业发展当前还存在不平衡不充分的问题，作为直接服务于人民美好生活的旅游业，要紧紧把握新时代我国社会发展的主要矛盾，解决好旅游消费需求日趋多元化和旅游产品有效供给不足之间的矛盾，将旅游业发展提升到新的水平，在促进区域协调发展、带动当地经济发展、提高人民美好生活方面发挥应有的作用。

　　我国旅游业经历景点竞争、线路竞争、城市竞争之后，当前开始进入区域旅游合作的阶段，区域旅游合作呈现出前所未有的发展态势。作为与长三角、珠三角并列的三大城市群之一，京津冀是我国重要的区域经济增长极。作为我国重要的城市群、都市圈，特别是在国家提出京津冀协同发展战略之后，京津冀如何协同发展，成为学术界和业界关注的热点和重点问题。旅游业作为京津冀地区的重要产业，是实现京津冀产业协同的先导产业。京津冀一体化发展，旅游当先行。现阶段，随着雄安新区建设战略的提出和2022年冬季奥运会的临近，充分发挥北京旅游的示范带动作用使整个区域旅游提质增效，促进京津冀区域旅游一体化的整体优化发展，成为当务之急。

　　京津冀实现旅游一体化发展是目前亟待解决的现实问题。京津冀地区不仅有丰富的自然旅游资源，还有优质的人文旅游资源，作为重要的旅游目的地，区域内部的不均衡现象仍非常显著。北京、天津是京津冀区域内的两大核心，尤其是北京在京津冀区域内部处于绝对核心地位，对周边城市和地区存在虹吸效应和遮蔽效应，导致这些地区长期处于旅游阴影区。京津冀区域协同发展已经推进了多年，京津冀也已经建立了一定的合作，但仍存在一些问题需要改进。面对区域旅游发展的供需矛盾，北京市应充分发挥龙头带动作用，破除北京对周边旅游发展的遮蔽效应和虹吸效应。从区域系统的角度来讲，北京的溢出效应不够明显，京津冀旅游产业有序度需要加强。当前，京津冀旅游协同发展进入加速期，网络格局逐步从"两核独大"

向"两核带动，多点发展"转变，跨区域的景区协同管理难度较大，需要层次分明、条理清楚的创新管理路径和机制。

在京津冀区域协同的国家战略背景下，北京市旅游发展规划突出了立足于京津冀区域视野研究如何推进首都旅游发展。北京着力建设"国际一流和谐宜居之都"，成为政治中心、文化中心、国际交流中心、科技创新中心，同时疏解非首都功能。这就要求北京也要"宜游"，旅游产业的地位在新时期将会更加突出，旅游产业将是首都核心功能产业。所以，北京应围绕"国际一流和谐宜居之都"的建设目标，强化旅游这一首都核心功能，建设"国际一流旅游城市"。梳理和对照"国际一流旅游城市"的评价要求，北京要重点提升国际旅游竞争力和游客满意度水平。同时，北京旅游发展要破解自身当前存在的主要问题，包括国际旅游竞争力减弱、旅游产品开发与消费需求对接不足、都市宜游性不够、北京旅游在京津冀的龙头带动作用体现不足等。本书围绕目标要求和问题方向，提出北京旅游要转变发展方向，即由"经济效益"向"人民满意"转变，要拓展旅游空间，突出区域协同、全域旅游、城乡统筹、文旅融合，并指出了其未来的发展定位、路径及要落实的重点任务。

本书在调研分析京津冀旅游一体化发展现状、京津冀旅游一体化进程中北京旅游发展现状的基础上，综合运用对比研究、系统研究、体系构建等方法，对比分析京津冀旅游协同与欧盟、长三角、珠三角区域旅游合作的区别，分析核心旅游城市发挥的带动作用；分析京津冀区域旅游合作中存在的问题，强调吸取欧盟、长三角、珠三角区域旅游合作成功发展的经验，系统构建基于跨区域供应链整合的京津冀旅游协同体系；重点分析基于旅游供应链联盟的京津冀无障碍旅游区的构建策略，以及如何充分发挥北京作为核心旅游城市增长极的扩散效应。基于以上分析，本书提出由北京带头构建基于旅游供应链联盟的京津冀旅游产业新体系，充分发挥北京全域旅游、文化旅游、产业融合的协同效应，实现古都文化、红色文化、京味文化、创新文化深度融合，彰显"首都风范、古都风韵、时代风貌"；同时强化区域内供应链合作、区域间供应链整合，注重设计跨区域的主题鲜明的精品旅游线路，建立京津冀三方互动合作和优势互补机制，推动北京旅游与天津、河北旅游的共生扩散。

本书为京津冀区域旅游进行供应链规划和布局提供了理论参考和实践借鉴，注重研究如何促进区域旅游流空间流动的相对均衡，如何提升北京旅游的综合竞争力，使旅游业成为推动北京城市建设的功能性产业，最终把京津冀地区打造成以北京为核心的世界级旅游目的地，有利于北京实现建设"国际一流旅游城市"及成为宜居、宜业、宜游的"和谐宜居之都"的目标。

目 录

第一章 绪 论

第一节 研究背景分析

一、面对多样化的旅游需求，旅游供给明显不足

目前，中国经济发展正处于转型升级的关键时期。国内旅游市场继续高速增长，入境旅游市场稳步增长，出境旅游市场增速进一步放缓。旅游业成为新旧动能转换的重要切入点，不仅创造了有效的供给，而且在产业链中具有很强的相关性和推动力，是经济增长的重要推动力。旅游业是京津冀地区的重要产业，是实现京津冀之间协同作用的先导产业。党的十九大报告指出："我国社会主要矛盾已经转化为人民日益增长的美好生活需要和不平衡不充分的发展之间的矛盾。"就旅游业来说，旅游是人民生活水平提高的产物。我国社会主要矛盾在旅游业中表现为人民旅游需求的增长与旅游业发展不平衡不充分之间的矛盾。京津冀的协调发展，归根结底是为了人民的幸福，不断增强人民的收获感。但是，就目前旅游业的发展来说，其仍然存在着不足，主要表现为：随着人们物质生活水平的不断提高，国内游客的旅游观念逐渐改变，旅游消费需求日趋多元化，传统观光为主的旅游方式已不能满足游客的精神需求，享受型、休闲型、体验型旅游需求不断增长，旅游产品有效供给不足；人们对休闲度假旅游的需求不断增加，有偿休假制度的实施还没有到位；大多数游客期待安全、便捷、优质的旅游产品，而一些旅游市场混乱，旅游服务水平落后；旅游业发展需要全面协调和综合执法，而旅游管理体制改革和创新相对滞后。所有这些都需要在未来的发展中逐步解决，以便更好地服务于提高人民生活水平和满足人民对美好生活的需求。作为直接为人民的美好生活服务的旅游业，必须牢牢把握新时期中国社会发展的主要矛盾，把旅游业的发展提高到一个新的水平。这需要充分利用资源优势来创新京津冀旅游发展模式，推进旅游供给侧结构性改革，增加旅游总供给，优化旅游供给结构，提高旅游供给质量。

旅游本质上也是一种供需匹配机制。作为服务业的一种形式，旅游业在市场经济中也存在着供需基本矛盾。旅游供给具有很强的地方特色，难以改变，旅游需求

具有明显的主观性，随着时代的发展和游客喜好的变化而变化，这是旅游供需矛盾产生的根源。北京拥有巨大的消费能力，河北拥有丰富的旅游资源，但消费能力不强。供需矛盾是京津冀区域旅游服务矛盾中的主要矛盾，因此，解决区域旅游供需矛盾是中国当前区域旅游发展的重点。

京津冀旅游需求强劲，三省市互为旅游目的地和客源地，通过休闲旅游而产生的转移支付潜力巨大。京津两地人均 GDP 均已突破 10000 美元，早已进入成熟的休闲度假旅游时代，旅游需求与消费能力日益增强且多元化。反观河北省，人口众多、人均 GDP 接近 6000 美元，旅游需求呈爆发式增长，出游能力迅速增强，将为京津两地的休闲旅游项目输送大量客源。北京作为京津冀地区的中心城市，也是一个旅游消费能力强大的市场，对于这个市场的需求北京自身是无法满足的。为了北京自身的发展，也为了促进周边地区的发展，北京必须首先开放市场，给周边地区提供更多机会，进而带动周边地区旅游业的发展。

二、旅游竞争逐渐转为城市群与城市群之间的竞争

1. 区域城市群的竞争越来越具有影响力

旅游业与其他行业的关系非常紧密。旅游资源不是孤立的，而是通过组合形成更大的吸引力。不同的旅游目的地，通过不同形式的组合，将对游客有更强的吸引力，这将使游客更倾向于选择组合性的旅游目的地。要提高旅游业的竞争力和吸引力，协调各种旅游资源，与不同旅游目的地进行合作将是必然。城市群中各城市的合作构成了区域协同发展的体系，城市群正在成为一种重要的空间组织形式，支持区域一体化发展。在全球经济一体化的背景下，以大都市为核心的经济圈和城市群在国际舞台上越来越具有竞争力，这些经济圈和城市群是竞争的主要参与者，它们的发展体现了国家发展的进步。旅游专家魏小安在 2014 年提出，未来 30 年，从乡镇到城市的人数将增加 4 亿，这将导致城市群集聚效应，城市群的发展将成为一个重要的选择。随着旅游业的发展，景区景点、旅游线路和城市之间的竞争不再成为焦点，区域城市群之间竞争的影响力越来越强。未来，各个国家和地区之间的竞争将是各个城市群之间的竞争。未来，城市群将是一个非常活跃的经济增长区，各国政府也将越来越重视城市群的发展。面对新形势，中国必须关注城市群的发展，不断提高城市发展综合竞争力。

未来，国际竞争趋势将发生变化，即未来城市之间的竞争将逐渐转变为城市群之间的竞争。目前，具有国际竞争力和影响力的城市群或大都市区主要包括纽约大都市区、巴黎大都市区、伦敦大都市区和东京都市区。旅游业相关学者认为，中国

的城市化进程如火如荼，长江三角洲和珠江三角洲城市群的发展日趋成熟，京津冀城市群是继长江三角洲和珠江三角洲之后中国另一个重要城市群。随着国家越来越重视京津冀地区的发展，这个新兴的城市群必将在未来的全球竞争中发挥重要作用。在京津冀一体化发展的背景下，城市群的建设是最引人注目、最值得探索的。以京津冀区域一体化为背景，区域旅游一体化的发展可以促进整个城市群的形成和发展。未来京津冀的发展不仅要站在北京、天津、河北各自的位置上，而且要站在京津冀城市群的整体发展水平上，甚至站在参与国际竞争的国家战略高度来思考问题。《京津冀协同发展规划纲要》提出了打造以北京核心的具有强大竞争力和影响力的世界级城市群的发展目标，这就要求三省市密切经济联系，优化整体竞争格局，积极打造以北京为核心的具有国际竞争力的世界级城市群。

2. 城市旅游合作是社会发展的必然

（1）旅游业区域合作是区域竞争的必然结果。进入 21 世纪以来，中国旅游业的竞争态势已经形成，旅游的竞争方式和竞争策略也发生了很大转变，从单纯的价格竞争、质量竞争逐渐走向未来的文化竞争，从单一的策略技巧竞争向旅游战略竞争、城市整体旅游形象竞争转变。当下，社会旅游业的竞争要避免恶性竞争和相互残杀带来的牺牲，必须通过区域联合、地域文化融合的方式构筑"大旅游、大市场、大开放、大产业"，才能实现双赢和多赢的局面，才能有足够的实力参与国际竞争，这是增强旅游竞争力的根本性策略。

（2）旅游业区域合作是由旅游经济发展的规律决定的。旅游业作为一项开放性、关联性极高的产业，其本质决定了旅游合作的重要性。旅游业，可以说是以促进人的流动为基础而发展的产业，伴随着旅游流、资金流、信息流的流动，其发展本质上需要旅游目的地突破行政区域的界限，加强与周边旅游城市的合作，这样才能提升旅游地的核心竞争力与旅游整体形象。这个本质特征，决定了旅游业发展的一条客观规律，就是"合作促进发展"；同时，旅游线路通常是跨区域的，任何一个地方都不能在与外界隔绝的情况下发展旅游。

（3）区域旅游合作是区域旅游整体形象建设的终极形态。注意力经济下，旅游者的注意力是旅游业的一种稀缺资源。当下，旅游者越来越关注旅游目的地的整体形象而不是某一个旅游要素，并以此来选择旅游目的地。所以，通过协作提升整体形象是未来旅游地吸引更多旅游者的必然选择。国际上，区域旅游合作已经成为一种趋势，如加勒比海地区、东南亚、欧洲等鲜明的旅游整体形象的确立，湄公河次区域旅游开发，图们江区域旅游开发，都离不开区域旅游合作战略的实施。从国内来看，长江三角洲、珠江三角洲、环渤海旅游圈也都是通过区域旅游合作来打造区域整体旅游形象。

三、京津冀一体化政府政策的推进和北京城市总体规划的新要求

京津冀一体化，旅游当先行。2004 年以来，国家政府越来越多地指导京津冀地区的发展，并越来越重视京津冀地区的合作。2004 年，北京、天津和河北的政府部门举办了两次研讨会，讨论京津冀的合作发展。2005 年，京津冀区域合作发展被明确纳入北京城市总体规划，开启了京津冀一体化的新篇章。2007 年，北京、天津和河北的旅游部门讨论了区域合作问题。2014 年 4 月，京津冀旅游协同发展工作会议首次举行。截至 2019 年 6 月，北京、天津、河北三个地区共召开了九次旅游协同发展会议，合作讨论三个地区旅游业的协调发展（见表 1-1）。京津冀三省市旅游部门在区域旅游协调发展方面讨论得越来越详细，探索范围也不断扩大，为区域旅游的发展提供了政策保障，促进了三省市旅游一体化发展。

表 1-1　2004～2019 年京津冀协同发展及其旅游发展大事记

时间	政府政策
2004 年 2 月	京津冀区域经济发展战略研讨会
2004 年 6 月	环渤海合作机制会议
2005 年 1 月	《北京城市总体规划（2004-2020）》
2005 年 6 月	京津冀都市圈区域规划工作座谈会
2007 年 5 月	召开"京津冀旅游合作会议"
2008 年 2 月	《北京市、天津市、河北省发改委建立"促进京津冀都市圈发展协调沟通机制"的意见》
2011 年 5 月	首届京津冀区域合作高端会议
2014 年 4 月	京津冀旅游协同发展第一次工作会议
2014 年 8 月	京津冀旅游协同发展第二次工作会议
2014 年 12 月	京津冀旅游协同发展第三次工作会议
2015 年 4 月	《京津冀旅游一体化协同发展规划》
2015 年 6 月	京津冀旅游协同发展第四次工作会议
2015 年 12 月	京津冀旅游协同发展第五次工作会议
2016 年 7 月	京津冀旅游协同发展第六次工作会议
2017 年 9 月	《北京城市总体规划（2016 年-2035 年）》
2017 年 12 月	京津冀旅游协同发展第七次工作会议
2018 年 1 月	《京津冀旅游协同发展工作要点（2018-2020 年）》

时间	政府政策
2018 年 7 月	北京市出台《推进京津冀协同发展 2018-2020 年行动计划》
2019 年 1 月	习近平总书记在京津冀三省市考察并主持召开京津冀协同发展座谈会，深入河北雄安新区、天津、北京，实地了解京津冀协同发展情况
2019 年 6 月	召开京津冀文化和旅游协同发展工作会，签署《京津冀文化和旅游协同发展战略合作框架协议》、部署《京津冀文化和旅游协同发展 2019 年-2020 年工作要点》

按照京津冀协调发展的总体要求，"一核两翼"的协调发展将着力改变北京单中心集聚和"摊大饼"式的发展模式。"一核两翼"的协调发展，不仅是京津冀协调发展的要求，也是推动多中心网络结构形成的重要出发点。《北京城市总体规划（2016 年-2035 年）》首次提出"北京城市副中心与河北雄安新区共同构成北京新的两翼"，明确了"一核一主一副、两轴多点一区"的空间格局，"两翼"的发展与"一个核心"的协同作用，将有效缓解北京的大城市病，并将有助于改变北京单一的中心集聚发展模式，建设多中心和网络发展模式。"一核"指首都主体功能区（西城区和东城区），"一主"是指中心城区（北京城六区），"一副"指北京城市副中心。"一核"是"都"，是核心，"两翼"是"城"，是支撑，"都"和"城"是一个整体，因此应加强协同互动、共同作用以提升优化首都功能，支持与服务"一核"成为具有良好的政务氛围、突出的文化魅力和一流的生活环境的首都功能核心区。通过建立一个特定的平台，利用政府和市场的双重作用，促进京津冀的协同创新，改善投资环境和增加旅游吸引力，不仅可以解决北京非首都功能过多的大城市病问题，也可以解决河北的发展问题，最终将加快北京和谐宜居之都和以北京为核心的京津冀世界级城市群的建设。

四、北京城市功能疏解、雄安新区的设立和冬奥会的筹办带来新机遇

首先，北京非首都核心功能疏解有了新的途径。京津冀协同是疏解北京"非首都核心功能"的主要途径。北京城市功能疏解的过程也是其旅游业升级和阶段性跨越式发展的重要过程。目前，北京正面临着"大城市病"的问题。交通拥堵、环境污染、人口膨胀和高房价成为困扰北京居民生活的主要问题。要解决北京"大城市病"问题，不仅要从北京本身入手，疏解非首都功能，加快一般制造业转移，还要建立有效的合作机制和合作路径，为北京、天津和河北共同治理北京的"大城市病"提供有效的手段。笔者认为，完全可以以旅游业为先，推动京津冀一体化发展。通

过旅游业先行，建立市场化机制，改善北京周边环境和促进旅游公共服务体系的建设，为三省市人才的无障碍流动奠定良好的基础，市场化是实现目标的重要途径。发展首都旅游不仅可以促进北京非首都功能的疏解，而且可以为解决发展不平衡不充分的主要矛盾提供新的思路，从而创建高效集约的生产空间、适宜居住的生活空间、绿色的生态空间，不断提升首都的文化实力和国际影响力。

其次，雄安新区的建立为京津冀旅游协调发展提供了新动力。雄安新区的建立为京津冀旅游业的互补、协调和突破发展提供了良好的软硬件环境。从旅游资源的角度出发，在原有的互补资源的基础上，结合雄安新区的新形态、京津冀地区的生态多样化、文化和社会旅游吸引物，更有利于形成具备国际水准、中国特色、京津冀特色和雄安特色的新旅游目的地。从客源市场来看，雄安新区的建立将形成一个数亿人口频繁流动的区域市场，其将成为京津冀客源的重要来源。雄安新区在京津冀地区旅游经济发展中具有战略地位，不仅是京津冀旅游未来发展的中间节点，而且是旅游经济联系的桥梁和纽带。随着京津冀协调发展和雄安新区建设等国家战略的制定和发展，京津冀旅游经济的空间结构将重建。目前，石家庄和邯郸也成为京津之外的京津冀旅游经济网络结构中心，京津冀旅游经济网络结构逐步从"双核独大"转变为"双核带动，多点发展"，冀北、冀东和冀南也进入了一个旅游发展的新时代，该地区整体的旅游经济发展网络初步形成。现阶段，伴随着雄安新区战略的推进和2022年冬季奥运会的临近，如何发挥北京旅游的示范带动作用，提高整个区域的旅游供给和服务质量，是促进京津冀地区整体优化发展的当务之急。

最后，2022年冬季奥运会的筹备为京津冀旅游协调发展提供了更多的新机会。随着《深入推进京津冀体育协同发展议定书》和《京津冀体育产业协同发展行动计划》的制定，京津冀三省市体育产业的交流与合作不断加强，通过建立京津冀体育产业资源交易平台和网络信息服务平台，共同推动三省市体育产业发展。三省市以户外运动为特色，共同打造贯穿京津冀地区的六条旅游休闲产业带，包括草原健身、山地健身、湿地水库健身、滨海健身、冰雪健身、航空体育。此外，京津冀还将共同创建一系列区域性群众体育品牌活动，邀请三省市群众共同参与品牌活动，推动全民健身发展，不断提升京津冀体育综合竞争力，不断开发具有体育特色的旅游新项目。

第二节　研究目标与意义

一、研究主要目标

（1）对供应链视角下京津冀区域旅游一体化发展现状、北京作为核心旅游城市参与京津冀旅游一体化发展现状及供应链整合现状进行实地调研考察，在此基础上综合运用多种研究理论基础，以寻找破除北京在京津冀旅游一体化中带来的负面效应的方法，并基于供应链管理的中微观视角提出京津冀旅游一体化发展思路。

（2）以供应链为纽带的整合是实现京津冀区域资源有效配置和促进区域旅游一体化的一种必然趋势和选择，基于旅游虚拟产业集群的供应链整合网络能够真正实现京津冀区域旅游要素的无障碍流通的基础上，明确北京引领周边旅游发展的功能定位与路径。

（3）在国家制定的京津冀区域旅游一体化顶层设计的指导下，基于北京城市总体规划，借鉴长三角、珠三角及欧盟区域旅游一体化的成功经验，提出通过旅游供应链整合实现区域旅游一体化的具体实现机制及路径，使一体化顶层设计理念不断向纵深推进和发展，并明确北京旅游在推动京津冀旅游一体化发展中的先导作用。

二、研究意义

（1）学术价值：本书在目前对京津冀旅游协同发展的研究多偏重宏观现状的基础上，重点从中微观供应链管理、企业服务市场的角度进行补充研究。基于供应链管理的整合思想构建跨区域的旅游供应链联盟及虚拟旅游产业集群，重点研究北京作为核心旅游城市在京津冀旅游供应链合作中的功能定位及发展路径，是对传统的供应链管理理论的迁移应用和重要补充。传统的供应链研究更注重供应链之间的竞争，对供应链之间的跨链合作、供应链联盟及虚拟产业集群的构建研究较为欠缺。本书旨在为区域旅游进行供应链规划和布局提供理论参考，以及对京津冀旅游一体化中北京作为核心城市的旅游功能定位的研究提供补充。

（2）应用价值：本书基于供应链整合探讨北京参与京津冀旅游一体化的发展路径，注重促进北京旅游部门和企业实质性工作的协同推进，可为京津冀区域旅游规划、形象定位、营销推介等提供理论依据，为区域政府推动跨区域旅游供应链整合提供对策建议。本书的结论对政府制定相关政策具有一定的参考价值，可为政府决策提供智力支持。比如，可帮助政府认识到基于供应链整合的旅游城市群的竞争趋势，进而优化北京全域旅游发展环境，为旅游企业的发展提供良好的外部环境，以充分发挥北京旅游的带动作用。此外，本书以北京旅游市场为目标市场，通过对北京旅游发展现状、存在问题的分析，可为北京的旅游企业参与供应链整合并制定旅游供应链长期规划提供必要的依据，最终把京津冀地区打造成以北京为核心的世界级旅游目的地。

第三节　研究思路与内容

一、研究思路

（1）背景现状分析。高铁时代及全民休闲时代的到来加速了旅游业的转型升级，京津冀三省市旅游产业同质化竞争激烈、资源共享度和组织协同度低；北京的经济社会优势形成了巨大的漏斗效应，对周边旅游发展存在遮蔽效应、虹吸效应及马太效应，客观上要求以供应链管理为纽带进行资源共享和组织协同。

（2）核心研究思想。本书重点引入供应链管理思想研究京津冀旅游一体化问题。供应链管理是一种体现着整合与协调思想的管理模式，要求组成供应链系统的成员企业协同运作，强调通过所有成员企业的战略合作实现长期共赢。充分利用京津冀区域旅游供应链中北京作为核心城市的角色功能及旅游发展优势，引领带动整个区域供应链的整合优势对区域旅游一体化发展有很强的促进作用。

（3）体系构建思路。本书主要以当前京津冀区域旅游一体化的现实要求为研究背景，以京津冀旅游一体化发展进程中北京旅游发展的现状及问题为研究起点，以破除北京在发挥引领作用方面的三大负面效应为研究依据，结合跨区域供应链整合理论，提出北京在京津冀旅游一体化中的功能定位、应发挥的引领作用及实现的具体路径。

（4）措施及结论。共生与协作是实现跨区域旅游供应链成功整合的核心问题，建立基于跨区域旅游供应链联盟的无障碍旅游区，基于供应链整合协同打造以首都为核心的京津冀国际旅游目的地，充分发挥北京的辐射带动作用，大力发展全域旅游，强化联盟合作机制及保障措施，结合京津冀协同发展的战略规划及北京城市总体规划，统筹协调制定北京旅游发展路径及措施。

二、主要研究内容

第一部分：文献综述与研究理论基础。研究与京津冀旅游一体化发展相关的文献资料；研究长三角、珠三角及欧盟旅游一体化发展的经验；研究与区域旅游协同发展中的遮蔽效应、虹吸效应及马太效应相关的理论和供应链整合理论。研究的理论基础主要包括：①旅游阴影区理论及遮蔽效应；②旅游空间溢出效应；③供应链整合理论；④旅游"增长极"理论。

第二部分：京津冀旅游一体化发展中北京旅游发展的现状及问题。从三大效应及供应链视角剖析北京在京津冀旅游一体化发展中的状况，内容包括：①京津冀旅游一体化发展现状；②京津冀旅游一体化进程中北京旅游发展现状；③供应链视角下北京参与京津冀旅游一体化发展的问题。

第三部分：京津冀与长三角、珠三角及欧盟旅游一体化中核心城市的旅游发展功能对比。通过对比研究明确：①京津冀与长三角和珠三角地区相比，旅游一体化进程总体上存在一定差距；②欧盟、长三角、珠三角区域旅游一体化发展的成功启示；③京津冀与长三角、珠三角及欧盟区域旅游一体化发展的不同之处。

第四部分：京津冀区域旅游一体化发展要解决的关键问题分析。具体包括两方面：①京津冀旅游一体化中跨区域旅游企业合作现状调研；②京津冀区域旅游一体化发展要解决的关键问题，从五个方面来具体分析。

第五部分：明确京津冀旅游一体化中北京旅游发展的功能定位及路径措施。通过研究明确：①京津冀区域旅游一体化发展要解决的关键问题；②如何破除京津冀旅游一体化中北京旅游发展对周边地区的负面效应，充分发挥辐射及带动作用；③如何坚持"行政化与市场化""两手都要抓、两手都要硬"，走一条政府推动、市场主导的"类市场"协调的道路；④北京牵头成立跨区域旅游供应链联盟及全域旅游平台是区域旅游一体化成功的重要因素；⑤供应链视角下北京参与京津冀旅游一体化的路径对策及保障措施。

第四节 研究方法与创新

一、研究方法

（1）文献研究方法。梳理国内外关于京津冀旅游一体化（协同、合作）、旅游供应链、北京参与京津冀旅游一体化发展现状的学术研究成果及动态，并查询与其理论基础相关的文献资料。

（2）系统研究方法。本书所研究的旅游供应链整合体系为一个共生协作的系统，笔者在系统中寻求双方或多方的共存共享和互惠共赢，构筑一个通过供应链整合实现的统一和谐的整体，获得任何单个一方无法达到的最大利益。

（3）比较研究方法。将京津冀与长三角、珠三角及欧盟的区域旅游一体化进行对比研究，相较于在旅游协同方面做得较好的区域，京津冀旅游市场北京旅游的辐射带动作用不够明显。北京和上海不同，自身的旅游资源非常丰富，形成了一个自给自足自成一家的小系统，影响了它的旅游空间外溢和带动作用。

（4）体系构建研究方法。构建基于旅游供应链整合的以北京为核心的京津冀旅游一体化协同创新体系；构建基于旅游供应链联盟的跨区域旅游无障碍区体系；借鉴世界旅游城市发展经验,构建"五位一体"的北京都市旅游与城市融合发展体系;在体系构建过程中重点分析北京旅游在京津冀旅游一体化发展中的角色功能定位及具体的发展路径。

(5)实地调研方法。从供应链视角调研京津冀三地旅游一体化发展现状,调研北京的旅游供给和旅游需求情况,并重点调研北京对周边地区旅游发展的遮蔽效应、虹吸效应及马太效应的具体表现;同时对北京具有参与区域供应链整合意愿的旅游龙头企业进行深度访谈,并对北京的旅游政府部门、旅游行业协会等组织进行调研与访谈,了解龙头旅游企业参与京津冀区域旅游供应链整合的现状及需求。

二、技术路线

本书的研究技术路线具体如图 1-1 所示。

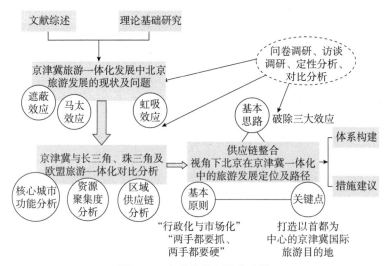

图 1-1 本书的研究技术路线

三、研究创新

(1)本书通过实地调研考察京津冀旅游一体化背景下北京旅游发展的现状,发现其存在的问题,分析北京在京津冀旅游一体化进程中对周边旅游带来的遮蔽效应、虹吸效应及马太效应,并试图找到破除三种效应不良影响的突破口。

(2)本书引入供应链管理这种体现整合与协调思想的管理模式,从供应链整合中微观视角研究京津冀旅游一体化问题。提出基于供应链整合的京津冀旅游协同体系中北京旅游发展的功能定位及路径,是对京津冀旅游一体化顶层设计向纵深推进和发展的实践构想。

（3）目前关于京津冀旅游一体化的研究多从北京周边地区如何承接北京旅游产业转移的视角展开，缺乏对北京作为核心旅游城市自身功能定位及旅游发展路径的研究。本书所构建的基于供应链整合的京津冀旅游协同体系可充分发挥北京作为核心旅游城市的辐射功能，以京津冀世界级城市群建设为目标，利用北京世界级旅游目的地的地位带动天津和河北的旅游业，从而重新定位和布局京津冀三省市旅游产业，实现京津冀旅游优势互补、互利共赢和协同发展的大旅游一体化格局。

（4）结合管理学、产业经济学、系统论等形成的"多维理论架构"，综合运用实地调研、对比研究、系统研究、体系构建等方法，基于供应链视角从中观和微观维度综合研究供应链整合与区域旅游一体化的关系，为认识京津冀旅游一体化中北京的旅游发展状况提供更加系统的研究方法。

第二章　国内外研究综述及理论基础

第一节　国内外研究进展及综述

一、京津冀区域旅游协同研究综述

京津冀旅游合作从 20 世纪 80 年代兴起，30 多年来三省市的合作逐步加深，但由于行政区域的割裂，三方的合作仍然没有踏入深水区，缺乏具体制度和项目做支撑。京津冀旅游协同的首次研究为李登科（1988）对京津冀地区旅游发展趋势的探讨。陈传康（1989）对华北文化旅游区与京津冀协同开发协作进行了探讨，指出了京津冀旅游区在华北文化旅游区中的地位及其客源层次，京津冀区域旅游开发的结构。王衍用（1991）提出"阴影区"理论，认为近距离的旅游资源雷同导致了旅游资源的"减值效应"，提出区域联合开发，对资源重点、空间格局、市场方向、产品功能、最终目的等做统一设计，可以避免这种现象的发生。1995 年，郭康教授就预见性地提出了由北京、天津、河北、山西、辽宁、内蒙古、河南、山东八省区市"构建我国最大的区域旅游协作系统——北方旅游协作区"的构想，形成以北京为核心的多中心、多层次、多功能、多市场的综合性旅游空间，在自主、平等、互利基础上实行资源开发、经营管理、市场促销上的区域性大合作，贯彻我中有你、你中有我、互通信息、互相支持的基本原则，有竞争、有联合，以发挥自我特色为本，形成竞争机制，刺激内部发展，提高产品质量，形成规模性总体优势，促进区域旅游大发展。1997 年，邸明慧提出了"北京大周边地区"的概念，以及河北与北京、天津的合作战略。自此，京津冀旅游合作研究逐渐展开。

2000 年以后，京津冀旅游合作的研究成果逐渐增多，主要从京津冀空间结构、区域经济、合作模式和机制的角度展开探讨。白翠玲和苗泽华（2008）指出京津冀要构建统一的旅游市场合作机制，并基于帕累托最优提出京津冀旅游企业合作路径选择，强调政府应该健全协调机构、建立利益补偿机制、促进企业成为合作的主体以及构建统一的旅游市场的合作机制。苗泽华等（2009）在分析京津冀合作存在问题的基础上，把合作模式整理为整体空间、政府、旅游行业协会、旅游企业四个角度，并从四个角度分别探讨了京津冀区域旅游合作模式。张亚明（2009）以系统动力学为基础，模拟得出京津冀旅游业未来发展的结果，并将此作为京津冀区域旅游业发展规划的依据。

2010年之后，开始了京津冀协同发展的研究。白长虹（2011）以滨海新区为例，分析了京津冀地区文化产业与区域旅游协同发展的可行性意义，指出旅游景区的协同管理是旅游合作网络的终端，是区域旅游合作的最终落脚点。刘丽娟（2010）指出京津冀都市圈旅游业的发展相对落后于长三角和珠三角区域，要想真正成为中国旅游经济的第三极，必须加快京津冀都市圈的整合。宁泽群等（2013）等认为京津冀区域的旅游发展应该依据旅游资源和市场的集聚特点将市场分为两层，从而因两层市场消费主体的不同实现利益分享目标。刘德谦（2014）、魏小安（2014）、白长虹和妥艳婧（2014）、戴学锋（2014）、刘锋（2014）、窦群（2014）、刘思敏（2014）进行了京津冀旅游协同发展过程的回望，分析其推力和阻力、合作中存在的问题，从信息化和城市化角度分析京津冀区域旅游一体化，开始了不同角度的研究，并提出协同发展是一体化发展的重要力量。

2015年《京津冀协同发展规划纲要》发布之后，京津冀协同发展的研究开始涉及京津冀一体化效率、旅游公共服务设施建设、一体化背景下乡村旅游发展状况等问题。冯智恩（2015）结合新形势下我国旅游产业的发展特点，针对京津冀区域旅游协同发展中存在的主要问题和关键节点，提出相应的对策建议。王凤娇（2016）采用定性和定量相结合的研究方法，从时间和空间的角度对京津冀区域旅游经济差异进行研究，并对造成差异的影响因素进行定量分析，最后根据存在的问题提出京津冀旅游协同发展对策。朱晨（2017）基于GEM模型对京津冀区域旅游产业发展进行研究。陈永昶和王玉成（2018）研究了智慧旅游驱动京津冀区域旅游协同发展的机理与路径。

二、京津冀旅游一体化中北京旅游发展相关研究

在对京津冀旅游一体化发展问题与对策的研究中，有关河北旅游发展的文献相对较多，而研究北京旅游发展的相对较少。王湘（2011）对如何优化北京旅游环境，促进京津冀区域旅游发展进行了研究。宋增文、罗希和周辉（2017）以京津冀区域视野阐述北京旅游发展新思路。刘颖（2014）研究了京津冀协同发展背景下北京优势资源如何与廊坊市文化创意产业集群进行融合对接。贾明（2015）对京津冀旅游一体化背景下北京中山公园面临的问题进行了研究，并提出了解决方法。王丽娟和高丽敏（2017）对北京旅游如何响应京津冀旅游协同发展进行了策略研究。

三、旅游供应链相关文献综述

1. 旅游供应链的定义

国内关于旅游供应链的研究起步较晚，20世纪90年代国内的学者才开始渐渐踏入这个行列，进入21世纪之后迅速发展。目前，国内对旅游供应链的定义尚不明确，大部分仍是借鉴国外的描述。国外较具代表性的定义是由Tapper和Font提出的，认为旅游供应链包括所有用来满足旅游者需求的旅游产品供应体系中的商品和服务的供应者，具体包括住宿、交通、吸引物、酒吧、餐馆、纪念品和手工艺品、食品生产、垃圾处理系统以及对旅游业的发展起支持作用的目的地的基础设施等。[①] 毛遂和王明宪（2006）认为，旅游业供应链是基于旅游活动中的食、住、行、游、娱、购等活动展开的，整个旅游行业包括旅游饭店业、旅游交通运输业、旅行社业、游览娱乐业（旅游资源开发经营业）、旅游购物品经营业（旅游商业）等多个行业。[②] 夏爽（2008）在借鉴国内外学者观点的基础上，认为旅游服务供应链是指为了更好地提供旅游服务，旅游者、旅游景点、旅行社、交通运输、酒店等部门之间形成一条以服务传递为主要内容，包括旅游产品设计、生产、组合、销售，支持旅游者来到旅游目的地并进行各种旅游消费行为的供应链。[③] 吴春尚等（2009）认为，旅游服务供应链是旅游经营企业为了更好地提供旅游服务，由旅游者、旅游景点、旅行社、交通运输部门、酒店等部门协调运作形成的一条以服务传递为主要内容，包括旅游产品设计、生产、组合、销售，支持旅游者来到旅游目的地并进行各种旅游消费行为的供应链[④]。也有学者认为旅游供应链是在一定地域空间范围内，以旅游吸引物为基础，围绕旅游六大要素（食、住、行、游、娱、购）、上下游企业和相关支持企业以及机构在一定目的地区域内大量聚集而形成的具有竞争优势的经济群落。如宋露露等认为旅游供应链是一种功能型网络集合体。旅游供应链上任何一个批次的旅游服务，不但要实现整个链条的价值增值，更要实现旅游消费者价值和满意度的最大化。

2. 旅游供应链的结构研究

国外学者Andersen、Henriksen和Font等分别从不同角度探讨了旅游供应链的结

① Tapper R. , Front X. Tourism Supply Chains: Report of a Desk Research Project for the Travel Foundation [R]. UK: Environment Business & Development Group, 2004.

② 毛遂，王明宪. 基于现代物流理念的旅游业供应链 [J]. 市场论坛，2006（2）：43-44.

③ 夏爽. 旅游服务供应链的委托代理机制研究 [D]. 南昌：南昌大学硕士学位论文，2008.

④ 吴春尚，邓文博，刘艳. 旅游服务供应链企业协作问题研究 [J]. 旅游市场，2009（5）：72-73.

构、模型及其影响因素。Andersen 和 Henriksen 分析了 E-Tourism 对旅游服务供应链中旅游行业和业务流程管理的影响；Font 等为旅行社提出了一个供应链管理的实施框架。

起初我国的旅游方式以旅行团组团为主，解决旅游者与旅游目的地信息不对称问题，此时旅游的运行方式是点线式。随着交通便捷性的提升和旅游信息化的发展，旅游信息不对称问题逐渐改善，旅游者完全可以不通过旅行社的组织系统来实现自己的旅游活动。随着网络的发展，旅游供应链主体之间的相互关系发生了新的变化，旅游电子商务出现并成为新的连接旅游供应商和游客的渠道之一。新型旅游供应链结构如图 2-1 所示，该结构突出了网络媒介的重要性。旅游行业的网络化趋势吸引学者们积极预测未来新型旅游供应链的结构，如韦恩等的研究认为将出现可同时发挥旅游运营商和旅游代理商等中间商职能的新型中间商——在线预订系统。通过旅游网络系统，游客可对旅游供应商、旅游运营商和旅游代理商提供的产品和服务进行比较，从而做出最优的购买决策，并通过在线预订系统购买旅游产品和服务。

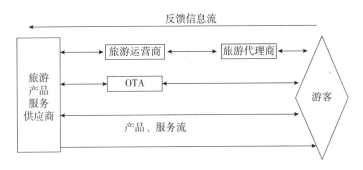

图 2-1　旅游供应链结构

通过基于网络信息技术构建的专业性电子商务平台，在线旅游企业可向供应商和游客提供多方面的供需信息，树立良好的企业形象；可进行网上市场调研，并实行有效的客户关系管理；可实现网络化分销；可实现基于供应链网络集成的一体化运作；上游供应商与消费终端直接对接，各旅游供应商可采取在线直接面向顾客进行销售的模式，向顾客提供定制化的旅游服务。上游供应商在加速自身变革的同时，也在加快向产业链下游延伸，通过与其他产品供应商的联合，推出适合自由行人群的产品，尝试更多的直接接触客户。航空公司也陆续延伸产业链，开辟在线旅游代理商（Online Travel Agency, OTA）擅长的"机+酒+X"产品，比如中国东方航空股份有限公司已成立电商公司，希望由"传统航空承运人"向"现代航空港服务集成商"转型。

陈扬乐、杨葵和黄克己（2010）认为，旅游服务供应链分为以散客为核心和以旅行社为核心的服务供应链，其本质是整合服务，关键是协同度，目的是为旅游者提供满足其需求的服务，使之产生幸福感。他们构建了旅游服务供应链模型，探索了旅游服务供应链运营机制。

3. 旅游供应链整合研究

有学者研究了旅游供应链协同整合的电子商务模式（袁丽婷和白华，2011），有学者从旅游产业供应链功能集成和整合、提升旅游产业供应链服务质量和实施一体化发展战略的客观需要等方面探讨了现代物流理念在旅游供应链整合中的应用（张巍巍，2013）。伴随着互联网与信息技术的不断发展，国务院连续出台一系列重要措施，不断推动旅游消费的快速增长及在线旅游的飞速发展。2017年国家旅游局发布《"十三五"全国旅游信息化规划》，2018年国务院出台《关于促进全域旅游发展的指导意见》，此时期的旅游业供应链设计范围空前广泛，结构属性极大复杂，大体呈现出全域发展态势的圈层结构模式。路科和魏丽英（2019）研究了在线旅游发展及旅游业供应链的演变，得到旅游供应链的圈层结构，具体如图2-2所示。

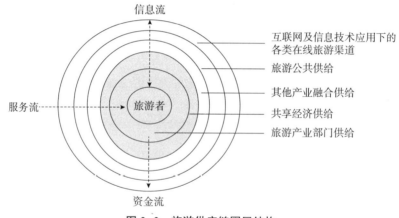

图 2-2　旅游供应链圈层结构

四、还需进一步解决的问题

通过CNKI检索获得的与基于供应链整合视角研究京津冀旅游一体化直接相关的文献较少，这正是本书研究的主要内容。一方面，在京津冀旅游协同或一体化问题上，目前的研究视角偏宏观，不够微观和具体，缺乏从中微观旅游供应链整合的视角及从企业服务市场以解决供需矛盾的角度来研究京津冀旅游协同问题，并明确三省市城市旅游发展的功能定位；另一方面，在京津冀旅游一体化发展背景下，北京、天津、河北三省市的旅游发展问题上，研究河北及天津如何承接北京旅游产业转移的文献相对较多，研究北京自身功能定位的文献相对较少。所以本书重点是基于供应链管理的整合思想来研究京津冀旅游一体化问题，以及京津冀旅游一体化中北京旅游发展的功能定位及路径问题。

第二节　相关理论基础

一、旅游空间溢出效应理论

随着散客数量的迅速增加和板块式旅游运行模式的展开，旅游生产和消费行为存在普遍的空间相关性，使城市旅游发展不仅取决于本地要素的投入和技术的进步，同时也受周围旅游市场发展的影响，以要素流动为表征的空间溢出效应在城市旅游发展中不同程度地存在。溢出效应分为正溢出和负溢出：正溢出源自于城市旅游合作、旅游产业链整合和延伸；负溢出主要是区域城市间的旅游竞争。正溢出可以显著缩小城市和区域间的旅游发展差距，有利于城市旅游经济朝着收敛的方向发展。

溢出是新经济增长理论中的一个重要概念，指经济活动的外部性。从整个经济体系来看，一个区域经济的增长不仅受区域内部主要因素的影响，而且越来越多地受周边地区经济增长的关联带动。溢出效应是经济实现持续增长不可或缺的条件，对区域经济协同发展起重要作用。

区域经济溢出理论始于非均衡发展理论，主要观点为：劳动力、资本和技术等生产要素在回报率差异的引导下由落后地区向发达地区流动，这种效应会阻碍落后地区的发展，也会降低整个经济的增长速度，此时发达地区对欠发达地区的溢出效应为负。当发达地区发展到一定阶段后，生产成本会明显上升，从而使生产要素由发达地区流向落后地区。由于外部性的存在，城市经济的增长可以带动周边地区经济的增长，从而促进经济一体化发展。"本地市场效应"和"价格指数"产生的聚集力、"市场拥挤效应"产生的扩散力最终会形成集聚和扩散效应，企业集聚会产生规模报酬递增效应，当企业数量增多，生活和生产成本上升时，企业会选择竞争者较少的区域，以寻求更大利润，形成区域经济溢出机制。

城市间的旅游溢出主要以三种形式存在：

首先，旅游溢出以城市间资本、劳动力等要素流动和技术扩散的形式存在。经济实力较强、旅游资源丰富和对外开放度较高的城市的旅游业会优先得到发展，随着旅游活动在全国范围内的展开以及板块式旅游运行方式的发展，这些旅游中心城市的相关要素会向周围城市流动，带动周边地区旅游经济的发展。此外，一个城市成功的旅游业发展模式或景点经营模式，可能会被具有相似条件的城市模仿，模仿的过程也是溢出的过程。

其次，旅游发展过程中，政府和企业在旅游规划、资源共享等方面存在不同程度的合作和资源整合，城市间形成完整的产业链条，实现区域旅游业的协同发展。旅游资源跨区域分布和不同城市旅游产品的互补性，促使旅游产品供应商将不同城市的旅游景区纳入同一旅游线路，进行旅游资源整合和利用，使一条旅游线路上高质量的资源多、产品种类丰富、特色鲜明，游客在一条旅游线路上可获得多种多样的享受和体验，进而产生更大的经济效益。城市旅游合作是我国旅游业发展的必然要求，使旅游空间正溢出成为可能。

最后，城市旅游具有典型的"用脚投票"的特点，游客的流动实质是对城市本身和旅游产品吸引力的充分肯定。旅游者一般将核心旅游城市作为首要目的地或集散中心，同时在核心城市周围地区展开旅游活动。旅游流随旅游产品在区域周围空间的移动，也伴随着城市间旅游生产要素的流动。总体来看，我国城市旅游的空间正溢出要大于"挤出"效应。

二、旅游"增长极"理论

按照"增长极"理论观点，区域经济的发展主要依靠条件较好的少数地区和少数产业带动，应把少数区位发展条件好的地区和产业培育成区域经济增长极。作为增长极的地区通过发挥自身极化和扩散效应，引领带动周边地区及其产业的发展。增长极的极化效应主要表现为各生产要素向极点聚集，包括资金、技术、人才等；扩散效应则表现为各生产要素向区域外围转移。在增长极发展的初级阶段，极化效应是主要的，当发展到一定程度后，极化效应逐渐削弱，扩散效应逐渐增强。

根据区域旅游非均衡发展理论，一个旅游目的地区域的中心位置往往作为增长极对周边地区形成极化效应，表现为周边地区的旅游要素向中心区域靠拢，使中心区域的旅游市场表现为旅游基础设施完善、招商能力较强、旅游者旅游消费水平较高，从而导致周边旅游业并不发达的地区处于更加不利的地位，表现为资金、技术、专业化人才匮乏，阻碍当地旅游业的发展或使当地旅游发展水平较低，形成旅游阴影区。从旅游形象的树立方面来看，处于中心位置的旅游目的地的整体旅游形象较好，市场占有率和竞争力会相应地提高，从而会对周边旅游地产生更大的屏蔽效应，形成旅游阴影区，更加不利于弱势旅游地的发展。

北京作为京津冀区域旅游业发展最强的城市，遮蔽了天津和河北的光芒，尤其是在河北省形成旅游阴影区，导致其旅游发展一直较落后。所以根据"增长极"理论，京津冀区域要发展"大旅游、大产业"，北京必须充分发挥其扩散效应，充分利用自身的资源、交通等优势条件，通过区域旅游合作，带动津冀尤其是河北省旅游业的发展。这也符合目前中国旅游业发展空间格局的变化趋势，即在空间尺度上，短线旅游将取代长线旅游成为发展的主流；在空间位置上，旅游业发展的重心将由传统的旅游热点地区或核心区向温点地区或边缘地区转移。

三、旅游阴影区理论及遮蔽效应

1. 旅游阴影区理论

旅游阴影区，也称为旅游非优区、温冷旅游地、弱势旅游地、边缘型旅游地等，对于旅游形象遮蔽的研究是基于对旅游地空间竞争和旅游形象的研究。从空间上看，旅游地的形成和发展在空间上总会存在一个吸引区域。当多个旅游地出现时，它们各自的辐射区域边界往往会出现此消彼长或同步增长的现象，这种变化是动态的，是地域市场结构的再组织过程，这种空间的变化，实质上就是竞争的过程（张凌云，1989）。旅游地形象是旅游地对客源市场产生吸引力的关键，是旅游地的象征，同时也是旅游者对旅游地的感知和认知印象（杨振之、陈谨，2003）。旅游地之间的竞争在很大程度上就是旅游地形象的竞争，游客对旅游地形象感知不同会产生不同的旅游决策。在地理位置邻近、面向共同市场的各个旅游地中，资源价值较高、旅游影响较大的旅游优越区会凭借其优势吸引大量游客，而与其对应的旅游非优越区则往往处于竞争的劣势或困境，陷入旅游优越区形象屏蔽形成的"阴影区"内。

旅游阴影区理论也可以结合"核心—边缘"理论来解释：旅游核心区往往是指具有旅游资源优势和区位优势的旅游热点或核心地区，边缘区是指那些不具备优势或特色旅游资源的地区，或因区位较差虽有旅游优势资源但还没有开发出来，或处在热点地区"阴影"屏蔽下而被忽视的地区。在旅游市场的竞争中，还有一些旅游地即使具备独特的资源优势，旅游发展条件也较优越，但由于旅游形象定位不准确、没有特色或被替代、旅游者感知的主观屏蔽等各种原因，仍然具有旅游地知名度不高、旅游形象不鲜明、对游客的吸引力不足等问题。

所以，旅游阴影区的形成一方面是因为替代性的空间竞争关系。当空间位置相近、拥有共同市场的同质旅游资源的吸引力大小过于悬殊时，吸引力较弱不占优势的旅游地就成为旅游阴影区。因为吸引力较强的旅游资源能吸引到较多的旅游者，拥有较强的竞争优势，而吸引力较弱的旅游地自然就会被其遮蔽在阴影之下，缺乏市场竞争力。在旅游资源开发初期，开发商往往容易忽略特色不鲜明、缺乏吸引力的旅游地，自然也不会对其进行旅游形象设计及相对于周边地区的差异化定位，导致旅游形象定位模糊或缺乏特色。在旅游信息传播过程中，这一类旅游地就不会被游客感知，更不会被游客选择，所以对其发展更不利，进而产生一种马太效应，即与优势旅游地相比，处于阴影区的劣势旅游地发展更难、更具劣势，而优势旅游地发展更好、更具优势。

旅游阴影区形成的另一个重要原因是交通区位因素，重点是指便游条件。可以想象，如果一个旅游地旅游资源很好，但其很难到达或游览起来很费劲，就不会吸引太多的旅游者。比如，一个旅游目的地与主要客源地距离较远，或从某一旅游地到达另一旅游地需要多次转车，或者车次很少，交通不够便利，即使它具备较好的旅游资源或旅游设施条件，也无法吸引更多的游客前来游览观光，这就会对旅游地形成屏蔽效应。因为游客在出游时间和出游预算都有限的前提下，会尽量选择距离自己所在地较近、交通便利的旅游目的地。

京津冀地区的旅游发展状况，就可以用旅游阴影区理论或"核心—边缘"理论来解释。基于旅游阴影区理论及"核心—边缘"理论分析京津冀区域的旅游发展状况，有利于做好京津冀区域的旅游规划工作，包括资源整合、产品共同开发以及市场开放共享等，完善相关基础设施建设，如道路交通建设、旅游集散地建设、旅游信息通道建设等。

2. 旅游遮蔽效应、虹吸效应及马太效应

根据旅游地旅游资源的品级、旅游产品的品牌效应、旅游地之间的市场竞争三个主要因素，可把不同旅游地形象间的关系分为两种：以竞争为主（导致形象遮蔽）和以整合为主（导致形象叠加）。形象遮蔽指在一定区域内分布着若干旅游地（风景区），其中旅游资源级别高、特色突出或者产品品牌效应大、市场竞争力强的一个旅游地（风景区），在旅游形象方面也会更突出，从而对其他旅游地（景区）的形象形成遮蔽效应。① 旅游遮蔽或屏蔽现象普遍存在于区域旅游发展中，并对区域旅游发展格局产生深远的影响。屏蔽效应会对旅游阴影区域产生负面效应，给全域旅游的发展带来阻碍。与之相对应的是旅游形象叠加，是指在同一区域内不同旅游地的差异化形象定位，使每一个旅游地具有各自的形象影响力，进而使这一区域产生一种叠加的合力，产生整体性的影响力。形象遮蔽以竞争为主，形象叠加以整合为主，强调旅游地 A 和旅游地 B 形象的共同传播，形成放大效应，从而有更大的市场影响力。

虹吸效应本是物理学概念，后引入区域经济学领域，指条件优越的地区会将周边地区的资金、人才、技术等资源吸引过去，从而延缓周边地区的经济发展，形成日益分裂的二元经济体系。旅游产业虹吸效应指由于旅游目的地的旅游产业发展具有比较优势，吸引了大量人流、物流、资金流、信息流进入该行业，资源分配的严重失调导致旅游产业短时间发展迅速而其他产业发展受到抑制的一种经济现象。

马太效应是指好的更好、坏的更坏，多的越多、少的越少的一种现象。在我国，

---

① 杨振之. 旅游资源开发与规划［M］. 成都：四川大学出版社，2002.

马太效应对旅游景区的影响已成为一种普遍现象，即"强者愈强，弱者愈弱"。旅游景区在等级相同、资源相近的情况下，知名度高的旅游景区受到的社会关注和获取的经济收入总会比知名度低的旅游景区高。目前，旅游行业的竞争日趋加深，马太效应在旅游景区的发展中便不可避免地出现了。市场份额加速向一些知名度高、品牌效应好的旅游景区集中，剩下的旅游景区，多因知名度低或缺乏营销创新惨淡经营，前景堪忧。

受马太效应的影响，非热点景区必然处于热点景区的"阴影"之下。阴影区理论由王衍于1993年提出（许春晓于2001年系统地提出过类似的"旅游地屏蔽理论"）。他论述了旅游地之间同质性与异质性之间的空间竞争关系对旅游业发展的影响，认为一个景区能否兴旺发达和发达到什么程度，不仅取决于资源本身，而且取决于风景区在空间位置中与邻近区域资源的组合结构、客源区位和交通区位等因素。他认为，国内很多风景区，尽管其品位、价值并不低，但由于资源和区位雷同，故难以展示其应有的美丽，这些景区要大展宏图，必须另辟新途。该理论从一个侧面提出了区域旅游竞争和协作的关系，虽然有待完善，但其实践指导意义是明显的。

四、供应链整合理论

1. 供应链整合的定义及内容

供应链整合是随着供应链管理模式的出现和发展而被提出的，被视为供应链管理的核心。供应链管理反映了一种整合的、协调管理的思想和方法，致力于通过所有成员企业的合作实现长期共赢。整合是供应链管理的核心本质，是供应链管理过程中创造价值的关键。国外学者研究供应链整合问题的较多。国外关于供应链管理的定义大部分都与整合相关联，强调供应链管理的核心就是供应链整合（Pagell，2004）。Gimenez 和 Ventura（2005）认为，供应链整合可以通过整合不同地域、不同职能的活动来消除壁垒，从而使资金流、物流、资源和信息流顺畅流通。Power（2005）认为供应链成员企业之间的整合越紧密，就越能促进重要信息的交流与共享。国内学者倪文斌和张怀修（2010）认为，供应链整合是供应商、核心企业与顾客之间为了取得各方满意而进行的互动和合作。

综合学者们的观点，较具代表性的供应链整合的定义有以下两种：供应链整合是供应链伙伴之间为了给顾客提供更高的价值和提高竞争优势，而进行更高水平的合作的管理方法；供应链整合是以低成本、高质量和快速响应客户需求、为客户提供最大化价值为目标，以供应链整体利益最大化为原则，和它的供应链伙伴建立长期战略伙伴关系，共同管理组织内外部流程，实现产品流、服务流、信息流、资金流和决策流等在供应链上高效、顺畅流动的一系列供应链管理活动。供应链整合的定义强调的内容和关注点虽不尽相同，但核心思想是统一的，都体现了跨组织一体化的思想，即供应链整合是通过核心企业与供应链合作伙伴之间的协作，实现产品流、服务流、信息流、资金流和决策流等在合作伙伴之间高效流动。供应链整合的目的是以低成本、高速度为客户提供最大化价值。供应链整合不仅包括运营层实践的协作，更强调战略合作的重要性。战略合作是指交易双方通过建立长期伙伴关系来实现共同的战略目标。国内学者对供应链整合维度所持的观点比较一致，多数从供应链整合的范围出发，将其分为内部整合和外部整合（供应商整合与客户整合），根据供应链整合的内容将外部整合细分为信息共享、关系协调和共同参与。战略联盟型供应链整合是指核心企业与供应链上关键企业结成战略联盟，以达到提高整个供应链及企业自身竞争力的目的。

2. 供应链整合过程中存在的问题

（1）观念层面：供应链各成员之间缺乏"共赢"的观念。供应链整合要求各合作企业通过信息共享实现协同经营，但现在大多数企业缺乏"共赢"的理念，将自身经营信息视为企业机密，不愿向合作伙伴提供真实信息。信息共享尚且做不到顺畅，更何谈进行供应链整合。供应链整合追求的是整体利益最大化，要求链条上各企业形成一个长期合作的统一体，为共同利益最大化而努力。但中国企业竞争的观念根深蒂固，难以在短期内完全接受目前"竞合"的伙伴关系，尤其是在成功实施供应链整合的标杆企业还未出现之前。企业缺乏"共赢"的观念，主要是由于企业高层管理者对供应链整合的绩效作用没有清晰的认识，进而将企业间关系依旧定位在"敌对"的竞争层面上。

（2）管理层面：缺乏针对完整供应链的协同管理。供应链是将原料供应商、制造商和最终客户连接为一个整体的功能性网链，但当前供应链管理多集中于制造商—供应商或制造商—分销商等单个层面，缺乏对完整供应链各方的协同管理。

（3）技术层面：信息技术水平低，供应链柔性不足。供应链整个战略主要是伴随着企业竞争环境的动态性增强而出现的。利用信息技术增强企业的动态竞争力是当前企业需要考虑和解决的重要问题。

（4）保障机制层面：缺乏有效的利益分配机制。供应链整合追求整个链条利益最大化，而非个体利益最大化，而各合作企业作为独立的经济实体，又势必会维护自己的利益。因此，实施供应链整合，应该建立有效的企业间利益分配机制，使各节点企业的长期利益与供应链整体利益相协调，通过企业间协同配合，进而保证供应链稳定运作。

除此之外，近年来多数学者强调现有的供应链整合过多关注运营层整合，忽视了战略层整合。战略层的供应链整合主要基于长期合作，包括建立和培养合作关系、开展联合开发活动以及共享一些成本和能力信息，企业将合作伙伴的运营视为自身运营的延伸。① 供应链整合是企业间长期导向的合作创新模式，其战略层属性不容忽视。

3. 供应链整合的目标

供应链整合的最终阶段是实现供应链动态联盟，即以占据市场领导地位为战略核心和发展目标，供应链上各相关企业形成一个网络化的结构。市场竞争日益激烈，为适应市场变化，满足客户柔性、创新等需求，供应链整合将最终进化成为一个动态的网链结构、一个能快速重构的动态组织结构（通过快速替换掉不能适应需求变化的企业），即形成供应链动态联盟。供应链战略联盟形式的整合以实时信息共享为基础，需要互联网、物联网、商务协同软件等技术的支持，其作用在基于时间竞争的时代将会发挥得更加淋漓尽致。

供应链整合，是进行全球竞争的有力武器。在基于时间竞争的时代，供应链整合的作用更加凸显。21世纪以来，国外关于供应链整合的研究成果不断增多，研究方法逐渐严谨，研究主题逐步深入。相比之下，国内对供应链整合的研究较少，多是实证研究，高质量的研究成果2006年后才逐渐出现。整体而言，国内研究起步较晚，缺乏对供应链整合定义和内涵的界定，当前高质量研究较少且不够成熟。因此，国内供应链整合的研究还处于探索阶段，未来可提升的空间较大。

---

① Swink M. , Narasimhan R. , Wang C. Managing Beyond the Factory Walls: Effects of Four Types of Strategic Integration on Manufacturing Plant Performance [J] . Journal of Operations Management, 2007, 25 (1): 148-164.

第三章　京津冀旅游一体化进程中北京旅游发展的现状分析

第一节　京津冀旅游一体化发展现状分析

一、京津冀区域旅游一体化取得阶段性进展

1. 京津冀旅游协同发展已进入深入推进阶段

京津冀的协同发展可以追溯到 1982 年。1982 年的北京城市建设总体规划提出了"京津冀经济一体化"和"京津冀都市圈",之后升级为国家战略层面的"京津冀协同发展"。经过 30 多年的发展变化,京津冀的协调发展进入强势推动阶段。京津冀地区的地理位置彼此接近、文化相似、丰富多样且具有互补特色的旅游资源是三地旅游业协同发展的良好基础。2014 年,京津冀旅游协同发展研讨会在国家战略层面提到了京津冀旅游业的协同发展,之后京津冀旅游业的协同发展进程明显加快。目前,京津冀协同发展战略已实施六年。根据协同发展工作安排,三省市旅游部门采取了一系列措施,试图发挥各自优势,避开弱项,在务实旅游的各个方面进行互助合作,大力促进旅游业的协同发展。当前,北京、天津和河北分阶段取得了重大进展,京津冀旅游业已进入协同发展的快车道。

旅游业是最能将区域和公共服务联系起来并促进生态可持续发展的行业。旅游业将成为京津冀协同发展的先行者,这是必然趋势。京津冀三省市旅游协同由来已久,三省市也做了很多尝试,在创建组织、开拓市场、加强监督、综合协调和一体化整合方面做了很多尝试,取得了很多成果。北京创建"9+10"区域旅游合作格局,旨在将北京旅游与周边省市和国内重要旅游地对接,并与河北、天津签署《京津冀旅游合作协议》;天津则成立"环渤海港口城市旅游合作组织",将京津冀滨海旅游和环渤海湾旅游对接。2009 年底,《国务院关于加快发展旅游业的意见》明确表示"鼓励有条件的地区探索旅游资源一体化管理",并将其作为"深化旅游改革开放"

任务的重要组成部分。为了更好地整合旅游资源，京津冀地区于 2009 年 3 月 21 日在天津启动了"京津冀旅游一卡通"，拉动了区域旅游。京津冀旅游一卡通推出后，三省市的游客大幅增加。旅行社还推出了与之相关的旅游年票，游客的跨区域流动得到了显著改善。2011 年原国家旅游局发布的《中国旅游业"十二五"发展规划纲要》要求深化和推进旅游经济带和旅游改革试验区的规划。河北省 2011 年提出"环首都经济圈"，将休闲度假观光作为服务首都对接北京的一部分。2013 年 4 月，《中华人民共和国旅游法》通过，明确指出国务院和县级以上地方人民政府应"制定和组织实施有利于旅游业可持续健康发展的产业政策，促进旅游休闲体系建设，并采取措施促进区域旅游合作，鼓励跨区域旅游线路和产品开发"。2014 年，习近平总书记提出了京津冀协同发展重大战略。2014 年 8 月国务院发布《关于促进旅游业改革发展的若干意见》，2015 年国务院又发布《关于进一步促进旅游投资和消费的若干意见》，所有这些都将"大力发展区域旅游协同"作为"十三五"期间新型产业体系建设的重要内容。2016 年，三省市旅游部门组织召开京津冀旅游协同发展第六次工作会，发布了《京津冀旅游协同发展示范区合作宣言》，签署了《京津冀乡村旅游共建共享共识》，签订了《京津冀旅游集散中心直通车同业协会项目合作意向书》和《京冀自驾游房车露营协会旅游战略合作意向书》等，对重点工作进行了部署。在京津冀协同发展国家战略的指导下，京津冀三省市旅游部门达成了"京津冀协同发展旅游先行"的共识，将旅游业作为协同发展的先导产业，加强旅游试点示范区建设，不断完善各项旅游公共服务体系建设，多措并举协同推进三省市旅游发展，取得了一定实质性进展。京津冀协同发展上升为国家战略，为京津冀旅游圈的发展提供了重要的政策和产业支撑。京津冀旅游圈自 2014 年以来，建立了京津冀旅游协同发展协调机制，并通过了协调机制议事规则，明确了工作职责、工作方法和组织领导，特别是在旅游业整合、资源优化配置、破除交通瓶颈、市场壁垒等方面开辟了巨大的力量空间。

2017 年 5 月，北京、天津、河北联合启动了旅游合作项目，在京津冀地区开展了大规模的区域旅游圈建设。京津冀旅游协同发展的目标是到 2020 年底完成京津冀旅游协同发展的五个示范区建设。京津冀旅游部门围绕京东休闲旅游示范带、京北生态（冰雪）旅游圈、北京西南生态旅游带、京南休闲购物旅游区、滨海休闲旅游带，突出全球旅游发展理念和"旅游+"效应，重点关注区域综合开发、特色城镇建设以及旅游 PPP 新模式，共推出了 130 个投资机会，项目总投资规模近 8000 亿元。该项目突出了京津冀协同发展、冬奥会发展、生态休闲示范区发展一体化以及京津中心城市辐射发展的四大引擎效应，将体育、健康和农业融入各个领域，形成"旅游+"创新发展效应。在有机结合精品旅游资源的基础上，京津冀旅游部门共同编制了皇家文化旅游、沿海休闲旅游、畅通自驾游、奥运冰火旅游、红色经典旅游、144小时玩转京津冀国际之旅六大主题十六条旅游路线，三省市数十家旅行社还联合推出了"京津冀旅游合作推广联盟"。

2019年1月16日至18日，习近平总书记在北京、天津和河北考察。正如习近平总书记所说，京津冀的协同发展是一项系统工程，不可能一蹴而就，应该"保持历史的耐心和战略定力"，"京津冀如同一朵花上的花瓣，瓣瓣不同，却瓣瓣同心"。六年来，三省市科学论证，精心准备，"选择正确的方向，做好设计，打好基础，形成机制"，这是最重要的成就。习近平总书记指出，当前和今后一个时期，京津冀协同发展"进入到滚石上山、爬坡过坎、攻坚克难的关键阶段"。北京、天津和河北三省市具有地理联系，关系密切，地域和文化一体。它们原本是一个家庭，它们有摆脱"一亩三分地"思维定式的基础。建立新的首都经济圈，推进京津冀区域发展体制和机制创新，是三省市面临的共同挑战。三省市要突破体制和制度障碍，实现思想统一和行动协同，共同努力，携手"爬坡过坎"。2019年6月26日，2019年京津冀文化和旅游协同发展交流活动在北京举行。会上成立了京津冀文化和旅游协同发展领导小组，重点部署了《京津冀文化和旅游协同发展2019年-2020年工作要点》，三省市签署了《京津冀文化和旅游协同发展战略合作框架协议》。

京津冀旅游圈的建设是京津冀协同发展的重要出发点。截至2019年6月，北京、天津、河北旅游部门共召开九次旅游协同发展会议。三省市着力于推进旅游协调机制、营销、管理服务和规划布局的"四个一体化整合"。旅游管理一体化、旅游组织一体化、旅游市场一体化、旅游协调一体化取得了明显成效，区域旅游的整体效益日益突出。旅游合作开发示范区建设初具规模，推动了交通基础设施建设，促进了产业转型升级。区域旅游在加快新旧动能转化、改善民生、优化生态等方面发挥了重要作用。

2. 京津冀三省市旅游协同发展的体量显著增长

在京津冀区域一体化上升为国家战略的背景下，旅游业作为地方发展的名片产业和区域协调发展的先导产业，通过统筹规划、主动作为，必将在京津冀协同发展中谱写新的篇章，进一步彰显旅游业的综合带动作用。当前，建设环首都经济圈的要求越来越迫切，要建设这样一个生态圈，旅游产业必然要在其中发挥重要的作用。同时，随着高铁、高速公路的发展，城市间的往返更为便捷，也为区域旅游一体化打下了很好的基础。京津冀旅游一体化在发展初期，由于三省市经济发展水平不同，导致三省市旅游发展不均衡。虽然京津冀区域旅游合作的概念已经提出很久，三省市旅游部门早已就合作事项达成了共识，为打造京津冀无障碍旅游区积极创造条件，但是京津冀旅游圈的发展进程并没有像构想中那样顺利，京津冀区域内的旅游经济一直处于"诸侯割据"状态，夹杂着强烈的行政区域划分性质，明显落后于珠三角旅游区和长三角旅游区的发展，尤其是与长三角地区江浙沪旅游一体化的发展程度和发展水平相比较，还存在不小的差距。

2018 年，京津冀三省市国内旅游人数 12.1 亿人次，比 2014 年增长了 69.4%，占全国国内旅游人次（55.39 亿人次）的 22.0%；实现国内旅游收入 16977.3 亿元，比 2014 年增长了 93.6%，占全国国内旅游收入（51278 亿元）的 33.1%；入境旅游人数 774.48 万人次，占全国入境总人数的 5.5%，入境旅游收入 74.79 亿美元，占全国入境旅游收入的 5.9%。特别是河北省国内旅游、入境旅游皆实现了持续快速增长。2018 年，河北省国内旅游人数达 6.76 亿人次，比 2014 年增长了 119.4%，国内旅游收入 7580.21 亿元，比 2014 年增长了 199.8%，入境旅游人数（175.77 万人）比 2014 年（132.863 万人）增长 32.3%，入境旅游收入（8.49 亿美元）比 2014 年（5.34 亿美元）增长了 59.0%。[①] 由 2018 年和 2014 年旅游经济主要指标的对比情况可见，京津冀旅游协同发展在体量上显著增长，特别是河北省的旅游发展变化比较大。

在京津冀旅游一体化步伐的影响下，北京面临旅游业发展转型升级、建设世界一流旅游城市的关键任务。旅游业是全球较具成长性的产业之一，是我国大力发展的综合性产业。旅游产业不仅是推动经济发展方式转变、促进产业转型升级的重要引擎，而且在拉动内需、带动产业升级、吸纳社会就业、构建和谐社会、拓展国际交流、增添城市魅力、提升生活品质等方面也发挥着十分重要的作用。从北京的城市战略定位看，旅游业更是重要的功能性产业。北京旅游业现阶段应重点思考如何实现由数量规模型向质量效益型转变。为深入推进世界一流旅游城市建设，北京采取了以下措施：紧紧围绕旅游业作为综合性产业、功能性产业的定位，坚持创新、协调、绿色、开放、共享的发展理念，不断发挥旅游业的产业带动作用，强化旅游在促进经济发展、民生改善、对外宣传、服务保障等方面的地位和作用；重点促进旅游供给侧结构性改革和旅游质量服务提升，以扩大旅游消费为主线，按照"城区加强治理、郊区加快发展"的原则逐步实施。北京在未来需要下大力气提升旅游业的综合效益和国际影响力、竞争力，把旅游业打造成为新常态下经济转型升级的关键驱动力、培育成为人民群众更加满意的现代服务业，使之成为率先全面建成小康社会的重要力量，进而努力将北京建设成为国际一流旅游城市。

3. 京津冀区域旅游一体化取得阶段性进展

京津冀一体化的发展有利于城市经济互补，消除城乡二元经济结构，缓解城市

---

① 单晨，陈艺丹．京津冀旅游产业—区域经济—社会事业协调发展差异研究［J］．经济与管理，2020（5）：1-2.

热岛效应，促进文化融合。当前，京津冀地区已经初步形成与大北京建设相适应的基础产业体系和城市体系，为区域旅游一体化奠定了基础。

（1）京津冀旅游资源条件日益优化。

京津冀旅游市场巨大，在旅游资源富集的地区，旅游业可以作为支柱产业和经济增长极，对产业转型具有积极意义。北京和天津是山水相连的两个直辖市，河北省则环绕着北京和天津。三省市的经济和文化相互影响，交通便利，具有良好的旅游综合开发环境。京津冀地区旅游资源丰富，各具特色，互补性强。北京拥有丰富的文化和自然景观。天津拥有丰富的人文资源，特别是具有商业特色的旅游资源。河北省毗邻渤海，环绕着北京和天津，是全国唯一拥有海滨、平原、湖泊、丘陵、山脉和高原的省份。它不仅拥有齐全的地形和地貌，还拥有一批国家历史文化名城和风景名胜区，民俗风情和乡土风情具有北方特色。这三个地区目前已相互成为游客市场的重要来源。旅游业具有强大的外部效应，旅游业的发展将极大地促进落后地区的环境改善，推动整个地区公共服务体系的完善，为京津冀打造一个相对均衡的市场环境奠定了基础。

京津冀的旅游资源整体上具有一定的完整性，且各具特色具有很强的互补性，区域内旅游资源的高品质、资源的互补性和文化的鲜明性非常突出。例如，北京和河北就有将近占全国总数 1/3 的世界文化遗产，旅游核心吸引物的优势非常明显，同时京津以人文性的旅游资源为主，河北以综合性的旅游资源见长，河北的旅游资源可以弥补京津两地旅游资源在自然景观和北方风土人情方面的不足，三省市具备错位发展的巨大空间。位于京冀交界处的古北水镇主题旅游项目，在基本未做市场推广的情况下，开业第一年游客规模就已突破百万；河北"草原天路"堪称旅游界奇迹，这条被誉为"中国 66 号公路"的旅游路线仅用两年时间就从"默默无闻"变为全国最火爆的自驾车游线。

（2）旅游交通条件持续改善。

作为旅游活动的基础条件，旅游交通的发达程度对旅游业的发展影响较大。京津冀地区是集中了海运、铁路、公路、航空的枢纽地带，是全国交通网络较完善的区域之一。在京津冀协同发展"一核、双城、三轴、四区、多节点"的空间布局下，依托高速铁路一小时交通圈或高速公路两小时交通圈，京津两地几乎可以通达京津冀北各个中小城市，交通非常便捷，使京津冀北的旅游景区几乎都能纳入首都旅游圈的辐射范围，满足游客周末在 1~2 小时的交通圈内进行休闲旅游的需求，极大地增强了首都旅游的辐射力。按照《京津冀协同发展规划纲要》的要求，要实现交通一体化，重点是建设高效密集的轨道交通网、便捷畅通的公路交通网，打通高速公路"断头路"及跨区域国省干线"瓶颈路段"，加快推进城市及国道、省道至 A 级景区连接道路建设，彻底解决周六日北京各个出城方向高速公路收费站的拥堵问题；加快把北京大兴国际机场打造成国际一流的航空枢纽；加快现代化的津冀港口群建设；大力发展公交优先的城市交通，提升交通智能化管理水平及区域一体化运输服务水平，发展安全绿色可持续交通；加强城市与景区之间的交通设施建设，加快实现从机场、车站、港口到主要景区公路交通的无缝对接。

近年来，京津冀地区先后联手打通了京台、京港澳、京昆、首都地区环线等高速公路和干线公路的"断头路"和"瓶颈之路"，半小时、一小时、两小时交通网络正在形成，现代便捷的立体交通，为京津冀旅游一体化发展提供了重要基础。2017年，太行山、京秦等高速公路的建设加快，天津至石家庄、延庆至崇礼高速公路的建设也已启动。目前，京津冀地区是全国率先实现区域交通一卡通互联的地区，为三省市市民提供了数百万次的跨城旅游服务。此外，"衡水湖"号、"邯郸"号、"野三坡"号等旅游列车也已开通，进一步完善了旅游交通网络，为游客提供了自由灵活的出游模式、便捷优惠的旅游服务，为京津冀旅游圈的发展提供了重要基础。此外，北京大兴国际机场拥有上亿次的旅客吞吐能力，将成为中国最大的空地一体化综合交通枢纽。河北和北京正在共同推动北京临空经济区的建设，吸引客流，实现物流和产业的聚集。以京津为基础加强对河北地区的引导，使其对接国际化，有利于以大区域发展的模式来发展旅游业。

除此之外，京津冀在旅游资源和旅游交通条件日益优化改善的同时，生态、产业协同等领域也取得较大进展。三省市蓝天多了，尤其是北京日益由"两会蓝"或"APEC 蓝"变成"常态蓝"，山变绿了，水变清了，生态治理卓有成效。大型交通网络的形成和生态环境的改善，为加快京津冀旅游业的协同发展创造了条件。京津冀协同发展中，"一核两翼"的协同不仅是京津冀协同发展的要求，也是一个重要的出发点，必将推动旅游发展网络多中心化网络结构的形成。

二、京津冀旅游集散功能和服务质量尚不均衡，但发展差距在缩小

1. 京津冀地区旅游资源与市场的基本特征分析

（1）京津冀地区旅游市场的情况比较。

近年来，随着天津和河北旅游业的快速发展，入境旅游指标与北京的差距逐渐缩小，一些国内旅游指标甚至超过了北京。2014 年，天津接待入境游客人数已达到北京的 69.3%，入境旅游人均消费已达到北京的 93.7%。近年来，天津在国内游客数量低于北京的前提下，国内旅游人均消费量超过北京。河北在国内旅游人均消费低于北京的前提下，河北省国内旅游人数自 2015 年已经开始超过了北京。2017 年，

国内旅游接待增长率北京增长 4.4%，天津增长 10.4%，河北增长 22.7%。从表 3-1
中可见，从三省市国内旅游总收入及接待国内游客总人数的情况来看，河北省在
2018 年超越了北京，国内旅游接待人数北京为 3.07 亿人次，天津为 2.27 亿人次，
河北为 6.76 亿人次；2018 年北京国内旅游收入为 5556.2 亿元，天津为 3840.89 亿
元，河北为 7580.21 亿元。从京津冀入境旅游者数量及旅游外汇收入来看，北京与天
津以及河北之间旅游发展水平还存在一定差异，表现为北京领先，天津次之，河北
最低。总体而言，近年来天津、河北和北京的发展差距一直在缩小。

表 3-1　2018 年京津冀地区旅游市场情况比较

地区	旅游总收入 （亿元）	入境游客 （万人次）	旅游外汇 （亿美元）	国内旅游者 （亿人次）	国内旅游收入 （亿元）
北京	5921	400.4	55.2	3.07	5556.2
天津	3918.6	198.31	11.1	2.27	3840.89
河北	7636.4	175.77	8.49	6.76	7580.21

资料来源：笔者根据京津冀各地文化和旅游局、统计局相关数据整理。

（2）京津冀旅游资源分布情况对比。

旅游资源可分为三大类：第一类为物质历史遗产，如世界级和国家级的风景名
胜区；第二类为非物质文化遗产，如传统曲艺民间手工艺等；第三类为以商业中心
和文化中心为代表的当地居民休闲及娱乐类资源。京津冀第一类旅游资源的分布情
况如表 3-2 所示。

表 3-2　京津冀地区第一类旅游资源分布情况比较

区域＼类别	世界遗产	国家地质公园	国家重点 风景名胜区	国家 4A 级 旅游区	合计
北京	6	3	2	28	39
天津	0	0	1	7	8
河北	3	5	7	30	45
合计	9	8	10	65	92

资料来源：《2014 年首都旅游产业研究报告》。

京津冀地区资源聚集和市场密集的中心城市向周边辐射的作用较强，如果北京
不能充分发挥对津冀两地的辐射作用，则会导致聚集效应大于辐射效应，出现北京
对周边地区的虹吸现象。北京的核心城市地位和旅游资源禀赋条件，对天津、河北

的旅游发展形成了很强的遮蔽效应和虹吸效应，就京津冀区域外的远距离散客而言，游览过北京的知名景区景点后再游览天津、河北的景区景点的意愿会大大降低。天津，特别是同样具有丰富的旅游一类、二类资源的河北省得到的由北京分流的客源还远远不够，不能共享旅游发展收益。

（3）京津冀三地旅游流对比。

北京作为京津冀跨区域旅游集散地，2014年京津冀地区的旅客吞吐量和起降飞机架次中，北京分别占到83.6%和78.2%，明显多于天津和河北，具有最重要的区域间甚至国际旅游集散分布功能。在京津冀的区域旅游发展格局中，中国旅游研究院分析了京津冀区域主要城市之间的每日列车通行数量，发现北京的优势在于成为该地区的主要旅游集散地，市内列车数比天津和河北的主要城市都要多。近年来在天津和河北接待的游客中，约有33%和14%来自北京。天津是京津冀地区的二级旅游集散地，石家庄、秦皇岛和承德是重要的区域内旅游目的地（见表3-3）。

表3-3　京津冀旅游流网络个体中心指标值[1]

城市	程度中心度		中介中心度	接近中心度	
	外向	内向		外向	内向
北京	12	12	40.712	85.714	85.714
天津	11	11	18.819	75	75
石家庄	11	10	22.712	75	66.667
唐山	8.667	8.833	1.667	54.545	57.143
邯郸	8	8.5	11	50	57.143
秦皇岛	9.167	10	2.319	57.143	66.667
保定	9.833	10.5	8.917	63.158	70.588
张家口	8.167	9	0.45	52.174	60
承德	8.667	10	4.179	54.545	66.667
廊坊	8.167	8.333	0	52.174	54.545
沧州	8.167	7.833	0.25	52.174	52.174

通过京津冀三地旅游流网络的各项指标值对比分析发现，从程度中心度指标看，北京的内、外向程度中心度值均最高，说明在京津冀旅游流网络中北京是首要的旅游流集散中心；其次为天津，是旅游流网络中仅次于北京的集散中心；最后为石家

① 姚昭屹. 京津冀旅游流网络结构与旅游环境耦合协调关系研究［D］. 秦皇岛：燕山大学硕士学位论文，2015.

庄和保定，石家庄的外向程度中心度高于保定，与天津持平，但内向程度中心度较之保定稍显弱势。外向程度中心度和内向程度中心度最低的分别是邢台和衡水，与两地在地理位置上略偏离集聚扩散中心北京和天津以及和旅游资源吸引力不足有关。从接近中心度指标看，北京的内、外向亲近度都是最高的，其次为天津，表明北京、天津在"测地距离"上离其他节点城市都很近，利于游客进出，是整个网络的核心区；石家庄和保定的位置仅次于天津，石家庄的外向亲近度与天津等同，但内向亲近中心度低于保定，保定弱于天津。从中介中心度指标看，不同节点的指标值分布极不均衡。北京中介中心度最高，石家庄次之，天津再次之，并且三者数值远高于其他节点城市，北京和石家庄亦有明显差距。说明这三个城市对其他节点城市的控制能力很强，是整个网络的核心城市，尤其北京是整个京津冀旅游流网络的最中心位置，是作为中转站概率最大的城市。

2. 京津冀三地旅游产品和服务质量方面尚不均衡

京津冀旅游业发展的不平衡也体现在三地旅游产品质量、旅游目的地系统和旅游服务质量的不均衡方面。北京的旅游产品比较丰富，旅游目的地建设更加完善。在景区产品质量方面，北京拥有许多高品质的旅游景区，在京津冀地区 14 个 5A 级景区中占到了 7 个。北京拥有强大的旅游接待能力，在该地区 33.1 万张旅游酒店床位中占 20.4 万张。北京的旅游目的地系统比较齐全，能够提供丰富的旅游产品和配套服务，因此国内旅游团队的入住时间和入境过夜游客的平均每日费用均优于天津和河北。此外，北京旅游服务质量良好，游客满意度在中国 31 个省份中排名第六，远高于天津和河北。

京津冀三地旅游资源丰富，但旅游产品开发利用的互补性不强，特别是河北省旅游业结构布局不够合理，旅游转型升级缓慢。因此，京津冀三省市旅游景点、旅游接待服务质量和旅游公共设施的不平衡，尤其是表现出北京的虹吸效应更为明显，致使京津冀经济实力和产业发展水平差异较大。虽然近几年发展差距在逐渐缩小，但受京津冀三方各自利益的影响，三省市旅游仍然没有从根本上实现优势互补，区域旅游合作仍存在许多障碍，没有形成整体协同效应。因此，打破北京旅游业发展的虹吸效应，是实现京津冀三地旅游业从"不平衡"向"再平衡"的协同发展的重要环节。使天津和河北增强旅游吸引物建设、完善旅游目的地体系、增强旅游接待能力、优化旅游服务质量，以破解京津冀内部旅游发展的不平衡状态，是促进京津冀旅游一体化的重要因素。

三、京津冀旅游协同发展进入滚石上山、爬坡过坎关键时期

自 2015 年《京津冀协同发展规划纲要》颁布实施以来，京津冀的协同发展取得

了显著成效。京津冀开展了一批重要的改革、创新和试点示范，三省市的发展差距逐渐缩小，这为京津冀之间形成的区域旅游合作发展体制机制和解决合作与发展方面的突出问题提供了基础。2019 年 1 月 16~18 日，习近平总书记到京津冀考察，主持召开京津冀协同发展座谈会并发表重要讲话，标志着京津冀协同发展进入了一个新的发展阶段。习近平总书记指出：在当前和未来，京津冀协同发展进入到滚石上山、爬坡过坎、攻坚克难的关键阶段，需要下更大气力推进工作。未来京津冀协同发展要全面贯彻新发展理念，坚持高质量发展要求，这更加需要京津冀三省市在整合各自优势要素、发挥比较优势、促进产业融合发展等方面形成区域协作合力。从更广泛、更深层次上破解京津冀协同发展中的利益分配和政策阻碍，促进深化合作，改善区域发展势头，有利于推进以北京为核心的京津冀世界级城市群建设。

京津冀协同发展进入到"滚石上山、爬坡过坎、攻坚克难的关键阶段"，这个"关键"是什么，我们将面临什么样的"坡"和"坎"？推动京津冀协同发展的具体工作，需要中央统筹和地方责任相结合。在中央的顶层设计下，京津冀三省市政府的主体责任要清楚，并不断提高工作意识、主动性和协同发展的创造力，根据协同规划体系和"一核两翼"北京城市新骨架，加快河北雄安新区建设和北京城市副中心转移，促进北京非首都功能的疏解，以推动区域协同发展。当前，京津冀协同发展进入一个新阶段，三省市将面临更多更深层次的跨区域协调问题，如政策协调和利益共享问题，必须积极探索新的机制，加快京津冀基本公共服务的一体化建设，使三省市协同合力，将京津冀建设成为世界级旅游城市群。

对于京津冀区域旅游来说，合则共赢，分则抱憾。发展环渤海旅游必须加强合作，必须找到影响京津冀旅游合作发展的问题所在。如何让北京与周边城市错位发展，如何实现京津冀三省市的旅游合作通过北京旅游产品得到延伸，如何实现北京游客向天津和河北分流，如何充分发挥北京作为核心城市的辐射带动作用，是京津冀旅游协同发展要解决的关键问题。而且，目前北京旅游的内生性外溢效应还不明显，比如河北省旅游资源丰富，但在开发利用上的互补性较差，尤其是河北省的旅游产业结构不合理，升级缓慢，加上三地的行政空间较复杂。所以如何充分发挥北京作为核心城市的辐射带动作用，带动周边协作、共生发展，这需要北京与天津、河北努力在旅游联动发展上下功夫。

第二节　京津冀旅游一体化进程中北京旅游的发展现状

北京的旅游资源禀赋一流，品种丰富，质量上乘。在旅游供给方面，一方面，传统的旅游业规模很大，包括本城市景区、旅行社和酒店等旅游基础要素的供给；

另一方面，新兴旅游业态的持续增长超过了旅游传统六要素的增长。在发展状况方面，北京商务旅游潜力巨大，城市旅游需求旺盛，乡村旅游发展相对滞后。在发展内容方面，北京以都市旅游为基础，以观光旅游为主题，以商务旅游为主导，以文化旅游为亮点，以乡村旅游发展为补充。在市场表现方面，北京国内旅游市场规模庞大且占主导地位，近年来国际旅游市场疲软，北京入境游客数量不断减少，影响了北京世界级旅游城市的建设。长期以来，北京的城市旅游发展取得了很大成就，但也暴露出许多问题，如旅游产品种类不够丰富，以城市旅游产品为主；特色旅游产品缺乏远程吸引力；区域旅游形象单一，长期给人"有旅无游"的感觉。

一、北京旅游正在由聚集力发展阶段转向扩散发展阶段

1. 北京旅游业发展的竞争力

经过40多年的改革开放，北京旅游业已成为重要的支柱产业，北京根据自身的资源优势和地理位置优势已形成新的经济增长点。2014～2018年北京旅游收入情况如图3-1所示。2017年，北京旅游业的整体发展是稳定的，旅游总收入5469亿元，同比增长8.9%，接待游客总数为29746万人次，同比增长4.3%，旅游餐饮和购物共计2891亿元，同比增长8%，在全市社会消费品零售总额中的占比为25.0%，增幅为0.7个百分点。2018年，北京旅游总收入5921亿元，同比增长8.3%。经过近几年的综合发展，北京旅游已经转化为集经济、文化于一体的多功能产业。作为古都和现代化国际城市，北京拥有国内独一无二的历史和人文旅游资源，休闲娱乐旅游资源与中国大多数城市相比也有更大的竞争优势。作为功能性和支柱性产业，北京的旅游产业也是展示首都政治经济实力和进行国际交流的窗口。

由于拥有全国数量最多、品质最高的星级酒店和旅行社，北京在旅游服务上具有很强的竞争优势，居全国第一。北京的旅游资源和产品主要以历史和人文类为主，数量丰富，开发完善，但自然景区稀缺。北京是一个历史悠久的现代化国际大都市，不仅拥有各种历史建筑和文化街区，也有各种各样的现代休闲景点和娱乐场所。但在2012年，重庆的旅游资源和旅游产品竞争力超过了北京，主要是由于重庆拥有更多的国家级重点风景名胜区，国家森林公园和湿地公园数量显著增长，而北京的旅游资源和产品增长较少。与其他城市相比，北京在旅游资源和产品上没有垄断优势。与此同时，北京的城市发展进入成熟阶段，交通网络发达，经济繁荣，社会稳定，但是生态环境的劣势使其城市发展竞争力弱于杭州和广州等城市，在全国排名第五。与国内其他城市相比，北京在旅游饭店数量方面占有绝对优势，五星级、四星级和三星级酒店数量明显高于上海和广州，在全国所有城市中排名第一。旅行社是现代旅

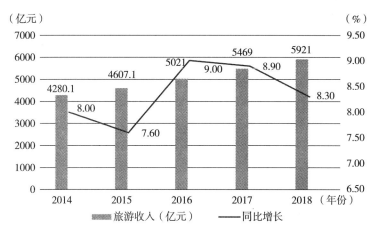

图 3-1　2014～2018 年北京旅游收入情况

资料来源：笔者根据北京市旅游发展委员会公布的相关数据整理。

游产品的重要中介机构和旅游行业的中心实体，北京在数量和质量上都领先于上海和广州。因此，从酒店和旅行社方面来看，北京旅游服务的竞争力要高于上海和广州。

2. 北京旅游领先津冀两省市旅游发展的优势逐渐减弱

京津冀旅游合作在发展初期，受京津冀三省市长期以来相对独立的发展状况的影响，北京对津冀地区的辐射作用微乎其微，多数情况下是聚集效应大于扩散效应，人才、资源等向北京聚集形成了"虹吸效应"，造成周边地区旅游发展缓慢，整个区域内的旅游资源没有通过优势互补形成发展合力。在京津冀区域中，北京市一枝独秀，天津市发展势头正猛，而环京津落后地区大部分位于河北省境内。2018 年，北京市 GDP 为 30320 亿元，天津为 18809 亿元，京津周边河北省各城市的 GDP 在 1000亿～7000 亿元，这表明三省市经济发展仍不均衡，阻碍了京津冀区域经济的整体发展。因此，为了提高京津冀区域旅游的整体竞争力，包括国内与国际竞争力，进行区域旅游合作是必然选择。同时，按照梯度转移理论，北京应该充分发挥其旅游资源、交通等各方面的优势，通过跨区域的旅游合作，带动天津和河北两省市旅游业的发展。

根据相关研究结果，分析北京、天津、河北近几年的综合发展指标和指数发现，天津的发展速度有增加的趋势，河北综合发展指数的上升也较为明显，而北京的发展速度则有所减慢，这充分显示京津冀三省市整体发展水平之间的差距正在缩小。笔者相信，随着京津冀一体化协同发展的深入推进，发展落差将越来越小。另外，三省市的内聚力和辐射强度具有阶段性特征。北京的凝聚力下降，辐射力增加。北京凝聚力指数从 2004 年的 98.5303 下跌至 2015 年的 96.4931，下跌 2.0372，辐射力指数得分从 2004 的 69.7599 增加到 2015 年的 71.3200，增加了 1.5601，呈现稳步上升的态势。这反映出，北京正在从集聚发展阶段进入扩散阶段。从凝聚力来看，北京呈下降态势，天津平稳上升，河北明显不足，2015 年北京凝聚力指数得分（86.80）远高于津冀（56.50 和 42.98）；从辐射力来看，北京辐射力最强，河北快速上升，天津有待提升，2015 年北京辐射力指数得分为 77.76，河北得分为 37.87，天津得分为 15.44。①

二、北京旅游产业综合服务力、旅游精品市场开发不足

1. 北京旅游发展实力仍需不断提升

城市的持续发展能力代表着城市的旅游发展实力，将北京与世界上其他的国际城市相比，发现其入境旅游人数、入境旅游收入、入境旅游人数年均增速、环境质量等指标的得分均未能达到国际旅游城市的均值。其中，环境质量是影响北京持续发展能力的重要因素。作为硬件的城市环境对于提升旅游城市的综合体验效果影响很大，游客在旅游过程中从各个角度接触到城市的旅游环境产品，包括环境安全、交通拥堵、市容市貌、空气质量等方面，通过这些方面的感知形成对一个旅游城市的整体旅游印象。北京的城市环境仍有较大的提升空间，在满足游客体验性多元需求的旅游要素及基础设施建设上仍需持续完善。入境旅游人数年均增速这一指标是评价一个旅游城市持续发展能力的逆向指标，该指标得分越高意味着旅游业在一定时期内发展越平稳；得分越低意味着旅游业发展越呈现波动性较大的特征。增速大小主要与城市所处的发展阶段、采用的发展方式有关。从以上指标来看，北京旅游业未来的发展不宜再单纯将"数字"作为衡量的标准，而应注重城市的内涵式发展。2018 年，北京全市累计接待入境游客 400.4 万人次，比 2017 年增加 7.9 万人次，同比增长 2%。就总量而言，北京入境旅游接待规模仍有较大的成长空间。

对于入境游客而言，城市是其主要的停留和活动空间，旅游目的地城市肩负着提升旅游服务品质和入境游客满意度的艰巨任务，城市旅游目的地的发展是提振我国入境旅游发展，推动入境旅游可持续发展的重要力量。北京近几年对旅游业进行了较高的定位，不断出台有利于旅游业发展的政策措施，营造有利于旅游业发展的政策环境。2012 年 9 月，北京成立世界旅游城市联合会，其作为全球首个以城市为主体的国际旅游组织，为国际社会更好地了解北京、了解中国搭建了平台，也是北

① 祝合良，叶堂林，张贵祥等. 京津冀蓝皮书：京津冀发展报告（2017）[M]. 北京：社会科学文献出版社，2017.

京提升自身国际知名度和影响力的新媒介。自2017年12月起北京实行144小时过境免签，并将北京口岸过境免签政策从北京扩大至京津冀三省市。宽松的过境免签政策必然有利于吸引更多的入境游客，直接促进入境旅游消费，但也对北京的旅游服务接待体系提出了更高的要求：一方面要积极开发市场扩大过境免签范围，带动北京旅游发展；另一方面要完善北京的旅游服务接待体系，包括开发丰富多样的旅游产品、提升旅游服务品质、改善交通状况、建设多语化的城市及景点导引系统和解说系统等。

与世界上的国际化旅游城市相比，如美国纽约、英国伦敦、法国巴黎和日本东京，北京的旅游者满意度还不尽如人意，游客的投诉率在过去一段时间内居高不下。尽管这些国际化旅游城市的旅游发展历史悠久，旅游资源丰富且具有庞大的市场基础，但都存在"大都市病"影响其旅游接待能力发展的问题。相对于城市环境、城市管理、旅游交通等要素，旅游要素的服务质量对北京旅游者满意度的影响较大，这一点基本与"强硬件、弱软件"的判断吻合。此外，旅游交通设施的便利化程度对北京旅游者满意度的影响也较明显，北京可参照知名国际化旅游城市的先进经验提升自身的软服务实力。作为国际化大都市，北京缺少世界同类城市中必不可少的城市观光巴士（City Tour/Sightseeing Tour），四大国际化旅游城市纽约、伦敦、巴黎、东京均开辟有多线路（一般都经停在景点附近）、多车型（双层敞篷式或封闭式）、多语种导游（人员导游和电子导游）的观光巴士，这些几乎已成为一个旅游城市标志性的流动景观和都市旅游重要的交通工具。① 另外，城市环境对游客的旅游体验效果也影响很大。作为一项综合性体验产品，旅游的外在"包装"与"内核"发展同样重要。游客在旅游过程中从各个角度感知城市的旅游环境产品，包括环境安全、交通状况、市容市貌、空气质量等方面，进而形成对一个旅游城市的整体印象。所以北京的城市环境也仍有较大的提升空间，在满足游客体验性多元需求的旅游要素及基础设施建设上仍需持续完善。

2. 北京在旅游综合吸引力和旅游综合服务能力方面有待提高

（1）旅游综合吸引力不够。

目前，与一流的国际旅游城市相比，北京在旅游综合吸引力和旅游业综合服务能力方面存在较大差距。自2013年以来，北京入境游客人数持续下降，虽然2017~2018年略有增加，但仍影响了北京世界级旅游城市的建设。关于国际旅游吸引力方面，北京不仅与伦敦和巴黎差距较大，而且与亚洲的首尔、新加坡和国内的上海也

---

① 张凌云，程璐. 北京旅游业在建设世界城市中的优势与不足——北京与巴黎等世界四大城市旅游发展差异比较［J］. 北京社会科学，2010（5）：41-50.

有一定差距。上海的入境旅游人数虽然在 2012 年也出现了下降，但下降幅度低于北京。2012 年北京入境旅游的减速并非偶然。2012 年，伦敦和巴黎入境游客分别为 1690 万人次和 1600 万人次，分别居世界第一和第二，分别占城市接待游客总数的 50% 和 55%，而同年北京的入境游客只有 501 万人次，不到游客总数的 3%。北京旅游业的国外推广仍存在投资不足、模式老化和产品开发延迟等问题。此外，与上海相比，北京市民在北京市内旅游的市场潜力尚未完全释放。北京虽然旅游资源丰富，但旅游产品开发缺乏新思路，仍然以大众观光旅游产品为主，都市旅游产品尚未完全开发，带动城市旅游消费的作用有限。旅行社仍然以提供同质化的、资源依赖型大众旅游产品为主，大多是围绕天安门广场、故宫、天坛、颐和园、长城、十三陵等老景区，缺乏特色旅游产品，影响北京发挥旅游目的地功能。参照上海，北京需要充分利用北京市民在京游的潜力提升北京旅游市场竞争力。根据北京市民在北京旅游的特点，积极开发休闲和乡村旅游产品和服务，每个郊区都可以根据各自旅游资源的特性进行差异化的旅游产品设计与开发，以满足游客多样化的需求。

北京有着悠久的历史，有 3000 余年的建城史和 850 余年的建都史，名胜古迹众多，人文景观丰富，历史文化底蕴深厚，是世界上拥有世界文化遗产最多的城市。然而，北京的旅游国际化发展水平却不及其他国际化旅游城市，如伦敦、纽约、东京、新加坡、中国香港等。一个城市的旅游竞争力不是由旅游吸引物的数量和品质决定的，而是由城市的综合竞争力决定的，一个城市要提升其国际旅游吸引力，必须借助于全球服务生产与消费与全球化网络进行连接。北京作为综合性的国际化城市，要提升国际旅游吸引力，必须从建设世界城市的目标出发，认真审视与国际一流旅游城市发展存在的差距，包括旅游业或与旅游紧密相关的领域的差距，从世界城市建设的角度出发寻求发展之道。

（2）旅游综合服务能力仍有很大提升空间。

一方面，在旅游公共服务的无障碍设施建设方面，以 2022 年北京冬奥会和冬残奥会的召开为契机，北京市从各方面入手建设方便游客的无障碍旅游社会体系，包括食、住、行、游、购、娱六个方面。北京市残联将每月 16 日定为全市"无障碍推动日"，包括"宾馆饭店无障碍推动日"和"旅游景点无障碍推动日"。北京市其实在 2008 年奥运会举办之前就已经对全市三星级以上饭店全部完成了无障碍设施改造，改造范围包括停车位、出入坡道、厕所以及客房、餐桌等，全市 60 家主要旅游景区完成了无障碍坡道和扶手改造工作，大部分景区实现了从下车到游览完毕的全程绿色无障碍。① 但与世界级旅游城市的建设要求相比，与日益增长的多样化旅游需求相

---

① 新华社．北京残奥会城市运行保障工作目前已经准备就绪［EB/OL］．［2018-09-05］．hettp：//www.gov.cn/jyzg/2008-09/05/content_1088266.htm.

比，北京的旅游公共服务供给能力仍然不足。在京津冀旅游一体化发展背景下，北京市旅游公共服务仍然存在供给不充分、服务不均衡、运营效率不高、科技支撑不足等发展困境。从中、微观角度来看，受城乡二元结构的影响，北京城郊之间、乡镇之间、景区景点之间会不同程度地出现旅游公共服务不均衡现象，导致不同区域之间的旅游公共服务无法实现无缝式对接，直接影响了游客的旅游体验。

另一方面，长期以来政府主导型旅游发展战略使政府的主导作用更多地体现在产业促进层面，把旅游业培育成"国民经济战略性支柱产业"的认知高于把旅游业培育成"人民群众更加满意的现代服务业"的认知。北京市也存在这样的问题，政府更多地关注旅游产业促进和市场监管，而在某种程度上忽略了旅游公共服务体系的建设，尤其是在跨区域旅游景区的服务均衡建设上，存在重建设轻管理、重数量轻质量、重硬件轻软件等问题。在科技支撑方面，虽然北京市旅游发展委员会发布了《北京"智慧旅游"行动计划纲要（2012—2015）》《北京旅游信息化发展规划（2014-2016 年）》等规划，但仍存在着规划落实不到位的现象，传统技术应用较多，大数据、云计算、人工智能、区块链、可穿戴智能等新技术、新产品的应用和推广较少。此外，信息技术应用的环节也有限，在信息共享、服务交互、效果反馈等环节应用较少，没有建立起信息交互与信息反馈的良好回路，存在着信息不对称、旅游者的利益诉求无法有效地传递给供给方导致需求错位的现象，没有建立起良好的旅游公共信息服务的"供给—需求互动"模式。

3. 旅游休闲服务开发不足，旅游目的地服务设施不完善

要建设世界级的旅游城市，北京还必须建设世界级的休闲城市。休闲度假比重的增加是市场导向的主导特征，伴随着人均消费在国内旅游休闲度假中的比重增加，北京旅游需要增加休闲度假旅游在整个都市旅游产品中的比重，仍以观光旅游为主是不合时宜的。北京旅游未来发展应该以休闲为主，观光为辅。北京旅游需要在深入开发旅游休闲服务项目和提升完善旅游目的地休闲服务设施两方面下功夫。

一方面，北京旅游在休闲度假产品的挖掘与开发方面目前仍显不足。伴随着旅游休闲服务游客越来越重视对当地文化的深刻体验，特色、文化和性价比是吸引用户的三个主要因素。北京旅游必须做好具有特色的精品旅游休闲服务产品的供给，做好城市休闲区和乡村度假区的休闲旅游服务，目前休闲旅游服务供应链的管理还存在结构性短板，需要通过增加休闲度假产品有效供给、提升旅游服务拉动内生需求及外在需求，满足现实需求，挖掘潜在需求，引领未来需求，为京津冀地区以及国内外越来越多的旅游人群提供高质量的旅游休闲综合服务。北京的旅游形象需要从根本上进行调整，不仅是观光城市，也是休闲城市，还是度假城市。

另一方面，在城市旅游目的地的休闲服务设施方面，与国际化旅游城市巴黎相比，北京旅游的城市休闲服务设施和公共服务设施还存在不足，如游客咨询中心、电影院、剧场、城市公园、高尔夫球场等设施在规模数量和服务品质等方面两个城市之间存在的差异还是显而易见的。① 北京在旅游目的地休闲服务配套设施建设方面，除了个别项目如北京的出租车数量超过巴黎近4倍外，很多休闲服务设施建设缺项如未普及便利的观光巴士，北京的观光巴士数量和使用普及度上明显存在不足；再比如北京的博物馆、美术馆、画廊数量虽略多于巴黎，但其中大多数场馆因展示手段陈旧、缺乏足够的吸引力，接待人数远不如巴黎。

三、北京旅游业与经济发展的互动性还没有充分发挥出来

城市旅游与城市发展存在一定的动态互动关系。一方面，城市化发展与旅游发展可以相互促进，游客的日益增长带动了城市基础设施、旅游接待设施、商业设施以及住宅等项目的建设，并吸引更多的外来流动人口就业，不仅能改善城市的旅游发展环境，同时也能加速城市化发展进程；另一方面，城市化发展程度提高后，可以为游客提供更完善的服务，改善旅游服务质量，进一步促进城市旅游的发展与繁荣。

1. 城市对旅游发展的支持力水平不高

城市支持力表现在北京城市公共服务对旅游发展方面仍需提升。城市支持力可以体现一个城市的旅游服务功能发挥的强度，在城市发展与建设中，应打破城市与旅游的简单的包含关系，充分考虑城市的综合旅游功能的体现，应该以旅游者需求为导向整合各类旅游公共服务资源，从而推动整个城市的旅游化发展。在城市公共服务如对资源的整合、对数据的分类统计、信息处理、实时更新等方面，仍需北京的旅游目的地管理部门加大与其他相关部门进行协调合作的广度与深度，改善旅游城市的公共服务水平，提升北京作为国际旅游城市的竞争力，以加速实现建设世界城市的目标。其中，城市的旅游发展战略定位是影响城市旅游发展的关键因素。虽然北京市政府近年来对旅游业发展一直比较重视，但北京和国内主要城市相比竞争优势正在不断弱化，北京城市发展对旅游业发展的促进作用以及拉动作用的发挥仍需显著提升。国内许多城市目前依靠城市自身的旅游资源，试图想办法创造旅游增量，并不遗余力地提高城市旅游的综合竞争力。例如，无锡提出了"城市是旅游，旅游是城市"的发展战略；杭州也将休闲城市发展作为主要城市定位，将观光旅游扩展到休闲度假方向。与这些城市相比，北京的旅游业发展的理念相对缺乏创新。

① 张凌云，程璐. 北京旅游业在建设世界城市中的优势与不足——北京与巴黎等世界四大城市旅游发展差异比较 [J]. 北京社会科学，2010 (5)：41-50.

发展理念的滞后一定程度上导致旅游业发展不佳，导致北京城市的旅游公共服务跟不上，所以亟须提升城市对旅游发展的支持力水平，从而使北京在全国旅游发展格局中的地位和影响力持续提升。

2. 北京作为核心城市旅游功能的发挥仍需提升

多年来，首都核心功能区（西城、东城）的景点，如故宫、长城、天坛等享有盛誉，成为北京旅游形象的代表。人们常常通过北京著名的景点来感知整个北京。随着时间的推移，其负面效应也逐渐显现出来，即绝大多数游客认为故宫、长城就代表了北京景点的全部，所以"一日游"的比例很高，而对北京偏远郊区县和周边城市的景区的认知不清晰，认为它们是可游可不游的地区。因此，这些景区景点的开发效果不好，与主城区的旅游资源相比明显没有竞争力。加上受距离、管理和政策等因素的影响，这些景点景区自发展以来就没有达到与资源水平相对应的旅游经济效益，主要是吸引近距离游客，对大规模游客没有吸引力，所以其影响力和受欢迎程度不高。事实上，一些景点有条件成为更高层次的景点。因此，北京必须以某种形式将分散的旅游资源系统地呈现给外界，从而纠正人们的传统旅游心态。否则，北京旅游业很难可持续发展。

从主要指标来看，北京已赋予旅游业支柱产业的地位。然而，目前北京在入境旅游、旅游公共服务和旅游专业人才发展方面依然有薄弱环节，旅游业在北京国民经济中的优势地位有所下降，这种下降伴随着旅游业本身的增长，但这种增长速度还有待于进一步提升。旅游经济比例的相对下降可能意味着城市和国家经济发展对旅游业的发展没有足够的支持，或者旅游业的发展与城乡经济发展没有足够融合。总体而言，北京旅游业与其自身整体的发展之间的互动尚未完全实现。旅游观光是北京旅游的传统优势。旅游经济比例的相对下降要求北京旅游必须在巩固传统优势的基础上，探索新的优势。这一优势应该是北京旅游业与经济社会发展的有机结合，以休闲和商务为基础的城市升级。

北京作为京津冀地区的核心城市，应该在促进京津冀区域协调发展中充分发挥其辐射作用，驱动京津冀地区甚至是北方经济的整体发展。然而，受行政区划因素的影响，北京集聚了更多的优势资源，导致其极化效应强于扩散效应，与周边环京津落后地区形成一定反差，区域发展不平衡、产业结构不合理、环境污染等问题，严重阻碍京津冀区域的可持续发展。为了解决上述问题，《北京城市总体规划（2016年-2035年）》提出，要深入推进京津冀协同发展，建设以首都为核心的世界级城市群。旅游业作为综合性产业，产业关联度高、辐射面广，具有很强的关联带动作用，在促进区域协同发展、推动公共服务衔接等方面都有很重要的作用。此外，旅游作为城市功能的重要组成部分,城市旅游的发展需要旅游公共服务的助力。所以,实现建设以北京为核心的世界级城市群以及京津冀区域旅游一体化的目标,都离不开旅游公共服务。基于旅游服务供应链把优质的旅游公共服务串联起来,将原本分散的旅游资源和旅游服务环节通过供应链连接起来,有利于为游客提供无缝化的旅游体验。目前,北京的旅游公共服务仍面临供给不足、分布不均、运行效率低、科技支撑不足等发展困难。面对不断增长的旅游需求,北京应不断丰富旅游服务供给,通过各种方式增加有效供给,优化空间布局,加强科技支持,提高旅游公共服务的效率和水平,增强与游客的互动,增强游客的旅游满意度和获得感。

3. 旅游与城市协调发展的耦合度仍需加强

旅游产业与城市发展的关系具有周期性变化的特征,按照旅游产业与城市协调发展的程度,可将旅游城市的发展周期分为五个阶段,分别是:优质耦合、中级耦合、勉强耦合、耦合复兴、衰退阶段。从耦合模式来看,包括协调模式、强旅游滞后模式、弱旅游滞后模式、强城市滞后模式、弱城市旅游模式。[①] 个别世界一流旅游城市的旅游业与城市发展的关系已经趋近于顶级状态,如巴黎、罗马等城市,达到一种稳定的协调状态,表现为国际旅游人次、旅游收支变动的相对平衡以及旅游与城市发展的有机融合,这是城市旅游业与城市协同发展的方向。北京与上海同处于世界一流旅游城市发展的中级阶段,但两者的发展类型却不尽相同。上海属于弱城市滞后型,主要表现为城市的支持力相对落后,而北京属于弱旅游滞后型,相对于城市功能,旅游业的发展水平相对滞后,突出体现为旅游业持续发展的潜力还很大,如在环境质量提升、旅游发展模式集约化程度的提高等方面。城市旅游环境与功能的提升对促进旅游业发展至关重要。北京要建设成为世界一流旅游城市,必须将旅游业创新发展模式与北京城市发展的功能定位相结合,使旅游与城市未来的发展目标和任务有机融合,大力提升北京旅游的发展水平及其对城市的影响力。

旅游与城市发展的耦合,具体表现为城市旅游基础设施的建设,北京的城市旅游基础设施建设情况具体如下:一是从航线建设情况来看,北京相对实力最弱的吸引力指标是航线数。据不完全统计,目前法兰克福共有314条航线,北京有134条航线,低于16个世界旅游城市的平均数,亚洲城市在这一指标上的整体水平相对较低。二是从城市博物馆建设资源来看,巴黎有459处博物馆资源,伦敦250处、墨西哥城171处,北京156处,属于博物馆数量较多的城市。北京的博物馆虽然对国际旅

---

① 陈怡宁. 耦合视角下的旅游城市成长理论与实证研究 [D]. 北京:北京交通大学博士学位论文,2014.

游者具有一定的吸引力，但博物馆的旅游化利用效果不佳，未来需要针对游客的旅游需求持续提升旅游服务。三是从国际会议举办数量来看，根据国际大会及会议协会（ICCA）统计，在接待国际会议数量的全球城市排名中，北京的排名已上升至第10位，仅次于维也纳、巴黎、巴塞罗那、柏林、伦敦等主要国际会议举办城市，稳居中国内地第一位，在亚太地区的排名由第四位上升至第二位（仅次于新加坡）。北京国际会展建设取得了很大进步，但与处于"第一梯队"的世界会展名城相比还存在很多问题，比如国际性多层次的会议场馆设施、会展综合体设施建设仍需加强，国际航线容量与签证手续办理时间长，国际会议审批流程复杂，缺乏有国际影响力的会展龙头企业，会展服务和管理水平还有待于进一步提升，会议会展国际营销和宣传推广体系有待于进一步加强。

四、北京旅游市场与周边市场融合度不足、发展不均衡

1. 阴影区的存在和遮蔽效应导致区域旅游客源市场不均衡

区域旅游合作本质上是一种良性竞争，使各种旅游资源有效运作。区域旅游合作可以促进旅游资源和经济发展的优势互补，形成互相交融的格局。目前，在京津冀旅游合作中，北京作为中心城市和节点城市旅游发展迅速，其他地区成为核心城市北京的阴影区域，区域旅游发展的不平衡日益明显。旅游阴影区一般处于不利地位，与优势景区相比，经常受到旅游资源开发条件和地理区位等因素的影响，并存在某些功能缺陷，旅游市场发展不平衡、资源不均衡、客源市场不均衡以及其他条件的不平衡是常态。京津冀地区不同层次的节点城市旅游企业的发展表现出旅游业发展的不均衡。京津冀地区虽然资源相对互补，但区域旅游政策的趋同导致了产品开发的趋同，使中心城市和主要节点城市的旅游景点对周边城市形成了遮蔽效应。阴影区的存在和遮蔽效应导致了区域旅游客源市场的不均衡，加剧了区域需求的不平衡，造成区域旅游一体化进程没有实质性推进。

京津冀区域旅游整体定位和整体形象建构缺失。众所周知，北京具有区位优势，旅游资源分布集中，且优质旅游资源数量多，同时还具有交通、资金、人才、信息、技术等方面的优势。在过去的几十年里，由于北京有足够的资源、市场及资本，自身就能形成一个非常独立的产业体系，所以对天津和河北的合作诉求不明显、不积极，并对津冀地区形成了一定的遮蔽效应、虹吸效应及马太效应，制约了天津和河北旅游业的发展。目前，京津冀地区的行政区经济现象还存在，缺乏大旅游意识，缺乏对区域旅游整体定位和整体形象的建构。例如，河北省保定市的清代直隶总督府是国内保存较完整的清代省级衙署，历经清代182年，先后有75人就任直隶总督，

家喻户晓的刘墉、曾国藩、李鸿章、袁世凯等清代名臣都曾坐镇于此，其历史价值不亚于北京的恭王府，但是平日这里的游客却寥寥无几，原因在于京津冀旅游资源整合开发和联合营销力度还不够，京津冀旅游亟须在更大范围、更深层次上展开合作。

京津冀区域旅游"串联"线路产品仍需加强并创新。长期以来，受京津冀三省市行政格局的影响，各地旅行社在线路开发上很少考虑整合三省市的旅游产品，致使旅游市场上缺少能够覆盖京津冀三省市的"串联"型旅游线路，游客无论是网上预订还是线下咨询，都很难找到合适的京津冀参团旅游线路。这种覆盖京津冀区域旅游"串联"型线路产品的缺乏，在某种程度上影响着远距离游客的出行决策及游览体验。自 2014 年 4 月开始，尽管京津冀三省市开通了多趟旅游直通车，但仍存在"叫好不叫座"的情况，三省市还需结合市场需求，探索适销对路的组合旅游线路产品。

京津冀地区旅游服务整体水平偏低。北京的游客满意度始终处于全国平均水平之上，但其排名有下降的趋势，天津略低于全国平均水平，排名下降明显，河北省的承德、秦皇岛、石家庄三个城市的游客满意度普遍较低，并且排名落后，对于河北省而言，提升游客满意度是一项紧要的任务。河北省应致力于加强城市基础性公共服务的建设，提升城市整体的基础设施配套程度，使游客的旅游活动更加便利，同时要加大力度加强城市生态环境建设和文化氛围塑造，营造更好的、更加可以预期的异地生活环境和服务。

无论是在接待入境旅游者数量上，还是旅游收入上，北京目前都已经不再是全国的排头兵，北京旅游业首善之区的地位面临着严峻的挑战。另外，市民对乡村旅游的需求不断增加，但是北京乡村旅游产品供给的丰富程度与档次，不能满足市民日益增长的旺盛需求。京郊游中当天返回的游客占比为 62%，住一天的为 24%。市民京郊游停留时间短主要是因为：乡村旅游产品特色突出不足，存在同质化现象，影响复游率；京郊休闲度假内容匮乏。

2. 北京的引领作用未发挥出来

如何优化和提升首都的核心功能，疏解北京非核心功能，保证两者的平衡是京津冀协同发展的重要问题。为了提升京津冀区域合作中北京旅游的新动能、新动力作用，北京应该分解其部分职能，增强北京在加强与天津和河北合作方面的国际影响力和控制力。京津冀都市圈旅游资源十分丰富，尤其是河北的各种自然旅游资源可以有效弥补北京海洋、草原和高原等旅游资源的空白，有效融合北京的皇家文化旅游资源、农业旅游资源和城市文化旅游，资源结构的一体化有利于形成互补的旅游线路和旅游产品。河北旅游资源丰富，包括3个世界文化遗产，5个国家历史文化名城，7个国家级风景名胜区，11个国家森林公园，5个国家级自然保护区，"全国旅游胜地四十佳"中占有3个，全国十大风景区中占2个，5个国家级 SA 级景区，无论在数量上还是价值上，都算得上是全国主要的旅游资源大省。作为首都，北京具有独特的优势，河北和天津都希望在北京旅游市场占有更大份额，完全可以以旅游业为先，推动京津冀一体化的发展。而从目前的实际情况来看，北京与周边旅游市场缺乏整合，导致北京缺乏对河北和天津的依赖。不确定和不均衡的合作结构不能对实践产生指导意义，区域旅游合作就不可能进一步深化。同时，在行政区划的利益驱动下，京津产业扩散主要集中在自身行政区划范围内，并没有起到拉动周边河北省发展的作用。

第四章 京津冀与欧盟、长三角、珠三角旅游一体化的对比分析

欧盟旅游业的发展是国外区域旅游合作发展的成功案例。长江三角洲和珠江三角洲的区域旅游业的发展是中国区域旅游合作实践的榜样。欧盟跨国区域旅游一体化发展模式、珠三角跨越不同社会制度空间的旅游互动模式、长三角同一制度空间下的区域旅游合作网络模式，对京津冀区域旅游一体化发展具有重要的借鉴意义。与长江三角洲和珠江三角洲相比，京津冀的区域旅游发展优势尚未得到充分利用，但是其发展潜力巨大，有必要通过旅游业的发展来推动京津冀区域经济的一体化发展，这也是京津冀区域发展的主要任务。

第一节 京津冀与欧盟区域旅游合作存在的差距

发达国家近年来在促进区域旅游一体化方面取得了许多成功经验，如欧盟展现出了成功的区域旅游合作样态。在欧盟，游客的跨区域流动和旅游业的跨区域运营没有障碍。1987年，欧盟提出了"欧洲文化路线"项目，该项目对不同主题的跨国文化遗产路线进行认证，并提供相应的资金支持和政策优惠，以支持分散在欧盟各国的文化遗产资源联合进行品牌形象的包装和对外统一营销，创造具有不同主题的跨国文化旅游产品。法国巴黎是区域旅游一体化的成功典范。巴黎行政区仅105.4平方公里，略高于北京东城和西城两个区的面积总和。戴高乐机场、凡尔赛宫、枫丹白露宫、迪士尼乐园都是中国游客熟悉的巴黎著名的景点，但它们实际上都位于巴黎以外。法国以巴黎市为中心建造了"法兰西岛"，即大巴黎地区，通过便利的公共交通设施连接巴黎内外的景区景点，促进了旅游业的市场营销和公共服务的整合，游客可以在该地区无障碍地流动，有时甚至很难发现自己已离开巴黎这个城市。将京津冀区域旅游发展与欧盟区域旅游一体化进行比较后，发现京津冀相对于欧盟在区域旅游发展方面存在以下发展差距：

第一，在合作机制方面，必须进一步调动市场的积极性。京津冀地区是以行政区域为基础的典型经济合作区，经济和区域行政部门的长期分割限制了区域旅游的一体化进程。目前，京津冀区域旅游协调主体仍然是政府，缺乏公司与市场之间的

多层次协调机制，缺乏部门之间专门的利益协调机制。虽然已经有一些基于市场机制的合作平台，但它们基本上都是自发的。与欧洲大都市区的区域旅游合作相比，京津冀地区政府对企业和社会组织加入区域旅游合作的支持和指导很少，企业和社会组织在区域旅游合作中发挥的积极作用仍然非常有限；合作仍然比较单薄，以初级旅游产品的合作为主，企业和社会组织共同经营的旅游产品仍然很少。

第二，在产业集群方面，应进一步加强旅游产业集群建设。欧洲大都市区强调区域内产业集群的发展是区域旅游的重要战略，重点是区域旅游相关产业集群如商务会展集群和区域旅游教育集群的发展。欧盟区域旅游合作从产业整合阶段发展到技术整合和服务一体化发展阶段，即区域旅游更加注重与新兴技术的整合应用，目的在于创造区域公共旅游服务整体平台；强调利用区域市场、服务、品牌、信息、金融和人才等优势，创新区域旅游的运作模式，实现旅游服务"一体化"，增加区域旅游服务业附加值，以形成新的竞争优势。京津冀旅游业发展虽然非常迅速，但旅游要素的整合和融合程度仍不高，有必要整合相关资源，增加食、住、行、游、购、娱旅游要素企业的集聚发展，提高行业规模和发展水平。这样不仅可以有效地避免同质化竞争，突出京津冀旅游本身的定位和发展特点，而且还能提高资源的利用效率，获得更高的增值效应，以促进旅游业的转型和完善。

第三，在旅游项目方面，区域旅游项目的发展基金需要进一步发展。欧盟有60多个与旅游相关的基金，包括欧盟区域发展基金、欧盟结合基金、欧盟社会基金、农业和农村发展基金、欧盟渔业基金等。这些基金有政府提供的，也有公司和社会组织提供的。通过这些基金，可以开展区域旅游合作项目，利用现有旅游资源的特点，开发具有自身吸引力的旅游产品和服务。相比之下，在京津冀区域旅游合作中，虽然地方政府对旅游合作达成了更多共识，但缺乏相关资金的投入，尤其是研究基金、项目启动基金等，导致区域旅游合作缺乏坚实的研究基础，阻碍合作进程。

第四，在旅游形象方面，应进一步建立统一的区域旅游形象。总的来说，京津冀地区在国际和国内旅游市场的对外统一营销方面仍然相对薄弱，到目前为止尚未建立京津冀区域整体旅游形象，尤其是三省市共同发展国际旅游市场时，京津冀地区的区域旅游形象宣传不够。相比于欧盟的区域旅游合作，京津冀区域在联合营销推广、打开国际市场舞台方面还停留在理论探讨阶段，具体的实践还停留在"面"上，缺乏对实质性工作的推进。京津冀在旅游国际形象的打造上，投入的广告费用并不高，而北欧斯堪的纳维亚旅游局的主要职能就是研究如何进行统一的国际市场营销，推出斯堪的纳维亚国际旅游形象，并通过不同国家的旅游业的一体化整合发展，开展旅游活动宣传，维护公共关系，共同推广斯堪的纳维亚半岛高端旅游产品，吸引更多的国际游客前往北欧国家，从而创造更高的利润。

第五，在人员培训方面，需要进一步推进统一的人才发展计划。在启动区域旅游人才培训和教育计划时，欧洲的城市旅游局相互合作，定期召集该地区的旅游研究人员和教育工作者进行讨论，并实施相关培训，使该区域整体的旅游教育和培训水平逐步趋于统一、旅游从业人员的服务水平达到统一的标准，从而充分提高区域旅游产品的竞争力，实现区域旅游的可持续发展。在这方面，京津冀区域作为国内旅游业相对发达的地区，对旅游人才素质的要求也越来越高，尤其是旅游人才的国际化发展。但是，目前京津冀区域内缺乏适合区域旅游发展的人才标准，区域内的旅游教育和培训仍处于分散状态，缺乏相关的合作研究，缺乏统一的协调工作和旅游服务标准。

第二节　长三角区域旅游一体化的实践及启示

一、长三角区域旅游合作基本态势

最早的江浙沪三省市举办"江浙沪旅游年"活动，这可以看作是"长三角"区域旅游的起步，长三角区域旅游合作的标志性事件"苏浙沪游"的提出，也使长三角区域旅游业的发展规模不断扩大。近年来，上海、江苏、浙江三省市的旅游业规模不断扩大，入境旅游市场和国内旅游市场都呈现出蓬勃发展的景象，旅游业的社会和民生功能开始显现，长三角地区中心城市的交通圈将实现"三小时互通"。经过近30年的密切合作与互动，三省市旅游管理部门在不断发挥政府主导作用的同时，努力为企业创造良好的合作环境，并不断开拓区域旅游合作的新领域。从最初的旅游信息交流与共享、旅游线路的简单组合、旅游产品的联合营销等基础合作到当前的人才交流与合作、旅游质量监督合作、旅游公共服务合作等，长三角区域的旅游合作取得了比较显著的成效。目前，长三角地区的旅游合作与发展已逐步从旅游生产要素合作转向制度合作，呈现出多元化、深层次和广泛性的新合作局面。长三角区域旅游合作的标志性事件是"苏浙沪游"的提出，这也是长三角区域旅游联合营销的开创性标志。2003年1月，杭州与苏州签署《苏杭旅游合作框架协议》，共同建设"名城、明湖、名山""大都市、新天堂"等旅游线路。同年，苏浙沪联合举办了"苏浙沪旅游年"。自2003年以来，长江三角洲旅游城市"15+1高峰论坛"已举办多次。目前，江浙沪三省市之间建立了良好的发展互动平台，对区域旅游合作达成了共识。

长三角区域旅游合作的具体表现如下：一是形成区域旅游目的地，设计与开发以长三角城市群"主题+体验"旅行为代表的区域旅游的新产品、新路线；二是利用沪苏浙皖共同建设的旅游交易展览平台和主要旅游活动平台统一进行宣传推广，共同促进和加大对入境旅游市场的宣传推广力度，沪苏浙皖联合组织前往"一带一路"沿线国家和欧洲、美国等主要国际客源地进行旅游营销，开展旅游推广活动；三是沪苏浙皖毗邻区域的旅游集散中心、高速公路服务区、旅游服务中心等地共同展示旅游宣传资料进行宣传推广；四是充分利用"互联网+"的优势，建立沪苏浙皖外文旅游网站链接系统，全面提升沪苏浙皖地区旅游服务水平；五是在上海国际旅游交易会等重大活动期间联合举办长三角区域旅游合作主题推介活动，并邀请海外旅行社和媒体对长三角地区的旅游线路进行联合调查和报道。

在合作理念层面，旅游业已成为长三角区域合作的切入点和突破口。长三角地区的旅游合作不仅在全国旅游业的发展中起着重要的示范引领作用，而且在长三角地区内部的经济合作中也发挥着"引擎"作用，引领其他经济领域的合作。旅游业发展已成为长三角城市经济协调会议讨论的重要议题。近年来，长三角地区的旅游部门不断加强合作并创新合作机制，在合作方式、合作领域和合作深度方面一直走在经济合作的前端。

在合作方式层面，以三省市旅游市场为纽带的区域旅游合作框架已具规模。目前，长三角地区的旅游合作发展已逐步形成了层次分明、形式多样、主题多样化的合作方式。自 1992 年开始，江苏、浙江、上海三省市旅游管理部门联合推出了"苏浙沪旅游"。1998 年，《神舟江南游—长三角区域城市游》画册联合发布。2003 年，"同游江浙沪，阳光新感受"口号启动。2005 年，"共走红色路，同游江浙沪"宣传口号启动。2007 年，"名城—名湖—名山"国际黄金旅游线路联合开发，以及"相约世博会，畅游长三角区域"的国内旅游市场宣传口号在 2008 年由三省市联合推出。2009 年，三省市共同推出 55 个长三角世博旅游精品旅游线路和 44 个世博体验旅游示范点，由三省市共同推出长三角区域旅游周边旅游线路、旅游产品创新、旅游市场联合推广、区域旅游形象等，开展了更加务实有效的合作，促进了区域内旅游要素的无障碍流动和优化配置。

在政府层面，苏浙沪皖三省一市旅游合作会议的不定期召开，在企业层面有长三角区域旅行社峰会及企业联盟，以"项目组"的形式推进具体专题工作。目前长三角地区已基本形成了政府与企业联动的立体化合作形式。

二、长三角区域旅游合作的成功启示

1. 中心城市发挥强大的辐射作用

长三角地区以上海为引领，与江浙一起整合旅游资源快速发展，建立了自己的旅游品牌，实现了旅游无障碍投诉。长三角地区以上海为中心，杭州、苏州、南京和无锡为二级城市，共同推动周边旅游发展。上海作为长三角地区的龙头城市，充分发挥了区域中心城市的辐射带动作用，促进了该地区其他城市的相互合作和共同发展，各地区呈现出蓬勃发展的态势。

2. 政府间交流平台的建设

长三角区域旅游合作离不开政府的支持和领导。自 2003 年 7 月"长江三角洲区域旅游城市"召开"15＋1 高峰论坛"以来，长三角地区形成了有效的区域旅游合作协调机制。这种机制有利于打破城市行政区域划分对旅游资源整合的限制，明确区域内各城市的旅游发展定位，划定各城市旅游功能区；有利于充分发挥区域资源优势，取长补短，实现资源互补和共享，实现区域整体规划、统一营销和管理；有利于建设互补的旅游产品集群，联合打造区域旅游品牌，整合各个城市的旅游景点和景区，扩大发展规模，提高发展档次，从而使整体效益大于各部分效益的总和。此外，由江苏、浙江、上海旅游局主要负责，三省市的市场和行业管理及教育部门也建立了各自的联席会议制度，旨在务实高效地解决区域旅游合作中各对口方的实际问题。

3. 合作标准的探索性构建

2006 年 8 月，苏浙沪旅游标准化工作会议在上海召开，并达成一系列框架协议，促进了区域旅游标准的一体化整合，共同编制《苏、浙、沪旅游标准化文件汇编》，包括三省市旅游行业管理文件及各自发布的地方旅游标准，为长三角地区的旅游企业服务；建立长三角地区旅游标准化专家数据库，加快三省市旅游标准化专家资源共享，编制三省市的旅游标准化合作三年计划，共同商讨确定旅游共同标准的制定和实施问题；建立三省市旅游标准化会议制度和联合工作制度。为了在江苏、浙江和上海建设无障碍旅游区，三省市重点关注旅游信息、旅游交通、旅游安全及旅游从业人员素质等重要旅游因素，通过协商研究，制定一致的旅游标准，由各自的质量技术监督部门发布，三省市旅游部门共同推进标准的实施。

4. "非均质、多中心"空间模式的基本成形

尽管上海作为长三角地区最大的商业中心在旅游外汇收入上占据一定优势，但在国际游客人数上，上海与周边地区是相对等的，同时就国内旅游市场来说，长三角周边地区的旅游者人数和旅游收入都超过了上海。可见，长三角的旅游市场聚集不是在上海，而是多节点的。

作为长三角地区的核心城市，上海发挥着关键作用，其辐射能力远远超过长三

角地区的区域范围。上海在区域旅游方面的地位，与其整体的城市定位和作为国际交通枢纽的地位密切相关。近年来，随着长三角地区城市群的进一步发展，区域内的二线城市也在积极建设都市圈，扩展旅游规模和发展能力，以获取更多的市场发展机遇。以南京都市圈和杭州都市圈为代表的长三角区域旅游合作二级区域的创建，标志着长三角地区"非均质、多中心"旅游空间模式的形成。南京都市圈的总体发展目标是"突破区域行政边界，打破行业保护壁垒，实现区域旅游合作"，通过整合都市旅游圈资源，以南京为核心，以大都市区的中心城市为节点构建大都市圈；杭州都市圈则以长江、古运河和干线交通为轴线，以国内外中高端市场为发展重点，共同开辟鲜明独特的旅游线路，联合打造杭州城市旅游圈自主品牌，共同推出了区域旅游的"江南角色，吴越经典"主题口号，推出"江南绝色山水游""吴越文化经典之旅""海滩休闲度假之旅""水乡古镇风情之旅""城市商务休闲之旅"等区域旅游线经典线路，并出版了《杭州都市经济圈旅游手册》，市场反馈效果很好。

5. 旅游联合体和行业企业自组织的发展

在长三角地区，企业积极参与区域互动，形成了一定的区域行业自组织。其中，较好的合作平台是"长三角旅行社合作峰会组织"，简称"16+2"，这是由长三角地区较具影响力的旅游行业媒体《旅游时报》《江南旅游报》在长三角地区共同签署的，峰会成员来自长三角地区的 16 个代表性城市，每个城市选择一家由旅游局推荐的拥有较强综合实力的旅行社，一共签署 16 家旅行社，形成旅行社联盟，以景点、旅行社和媒体之间的互动模式发展，这是市场机制条件下的区域旅游合作。峰会成员都承诺将利用各自的渠道和优势，相互拓展国内客源市场，以推出新的旅游产品和路线为工作重点，并进行统一对外营销。由于担心各自的利益实现问题，峰会成员将未来旅游市场的共同发展作为自己的责任，参加会议的旅游要素企业相互学习，达成共识，并就未来的合作发展签署了一系列相关的旅游合作协议。

此外，长三角地区还组建了浙东南旅游联盟，浙西旅游合作组织和江苏旅游新干线、新三角。浙江东南部旅游综合体由温州、宁波、台州、舟山、绍兴等旅游部门，以及 17 个国家 4A 级、5A 级旅游景区和 20 家重点旅行社组成。其中，政府是主导，企业是主体，产品是实现区域旅游合作的纽带，采取市场化运作方式。浙西旅游合作组织是一个专注于旅游资源优势的合作整体。江苏旅游新干线是江苏省向国内外旅游市场推送的特色路线。江苏省在构建旅游新干线整体旅游形象、编制特色旅游线路、建立联合推广机制、促进旅游市场一体化等方面取得了突破性进展。此外，由于长三角区域取消了旅游企业发展的异地限制性政策，上海锦江国际旅行社和上海春秋国际旅行社在杭州和温州开设了旅行社，上海锦江集团管理着浙江的部分酒店，对不同地区的酒店实施收购和管理，酒店管理方面的人才也实现了异地输送和管理。

6. 旅游配套服务与管理接轨，旅游信息共享

由于旅游业是一个综合性的、高度互联的产业，旅游业支持性服务涉及的领域广泛，所以配套服务对于旅游业的服务质量提升至关重要。由于行政区经济的存在，长三角地区各城市有不同的旅游服务程序，给游客带来了不便。"进得来、出得去、便捷轻松地旅行"是游客关注的焦点，长三角地区随着认识的提升，积极推动区域间旅游支持配套服务的有效衔接。长三角地区的部分旅游合作城市取消了国内旅游的区域性限制，不再限制旅游车辆进出景区，导游证在各省市之间得到互认，旅行社可以跨省市创办分支机构，跨区域的旅游连锁企业集团或联盟正在形成。此外，旅游信息和网络也实现了跨区域共享，具体体现在：定期召开区域信息合作会议，发布旅游信息共享章程，长三角各城市的旅游信息网络或政务网络实现互相宣传推广。

第三节　珠三角区域旅游合作成果及启示

珠三角地区已形成以广州为核心的高速交通网络，创建了"一小时经济圈"。珠三角地区以广州、深圳、珠海为核心，通过整合周边城市形成了"广州岭南文化+深圳特区风情""主题公园+珠海沿海风光"的独特旅游线路。这条旅游线路不仅能够体现区域城市发展的鲜明特色，还能充分体现珠江三角洲区域的经济实力，以此形成的区域旅游发展框架也推动了周边城市的发展。

一、珠三角区域旅游合作成果

一是加强珠三角内部合作，形成珠三角区域旅游一体化合作体系，实现分工合理、特色鲜明、内外部协调发展的"双核驱动、三圈推进、三带突破"体系。加强广州和深圳在珠三角旅游一体化中的引领辐射作用；促进广佛肇、深莞惠、珠中江三大旅游圈的深度合作；重点实现蓝色沿海旅游带、黄金水道旅游带、绿色生态旅游带三大区域合作。二是促进多层次区域旅游合作。支持珠三角龙头企业与广东的东西北部合作，加强与泛珠三角、环北部湾、海峡西岸、海南国际旅游岛及高铁沿线省份的区域旅游合作，促进粤台旅游合作，通过 ECFA 框架协议加强粤台旅游交流与合作。三是打造区域整体旅游品牌。以"活力广东、精彩珠三角"为核心品牌，深入推进岭南文化、活力商业之都、黄金海岸、美食天堂四大品牌的建设，最终形

成珠三角旅游品牌体系。四是在珠江三角洲打造智慧旅游城市群。打造广州智慧旅游城市建设示范区，重点推进国家 5A 级旅游景区、五星级酒店和龙头旅行社的智慧旅游建设，探索适用于珠三角其他城市的智慧旅游建设经验。五是立足珠三角交通规划，加强同城化和旅游出行的便利性，打造"两港四网"（两港即空港、海港；四网即城际铁路网、公路网、休闲绿道网、滨水蓝带网）的立体大型旅游交通格局，打造旅游快速交通廊道。六是旅游识别系统要做到规范、统一，联合编制实施《珠江三角洲地区旅游景区（点）道路交通指引标志设置规范》。

二、珠三角区域旅游合作发展启示

（1）构建旅游一体化的区域内外合作体系。在内部合作中，加强旅游一体化中核心城市的引领辐射作用，促进旅游圈的深度合作，促进重点领域的合作。在对外合作中，与周边省市共同推进旅游一体化，充分带动其他省市旅游业的发展，基于多个层次开展区域旅游合作。

（2）加强旅游市场的整体营销。构建区域旅游品牌体系，打造由旅游各要素组成的区域旅游联合品牌系统，包括景区品牌、旅行社品牌、酒店品牌、节庆品牌、购物品牌、餐饮品牌、演艺品牌和服务品牌。重点推出一系列精品旅游线路，包括都市观光、商务休闲、主题度假、文化旅游、森林旅游、绿道旅游、美食旅游、展览旅游、主题公园旅游等品牌旅游线路。联合丝绸之路和"一带一路"沿线国家，规划和发展跨境主题旅游线路。

（3）推进智慧旅游平台建设。建设具有国际竞争力的智慧旅游城市群，促进多层次的区域旅游一体化合作。构建智慧旅游信息服务系统，推广旅游整体形象，提供旅游网上预订、旅游信息实时更新等各种旅游服务，包括旅游景点、旅游路线、住宿、医疗急救等信息咨询服务，并开展智慧旅游目的地的营销管理、服务质量管理等。

（4）协调旅游集散中心网络建设，形成以公共交通为基础、以旅游集散中心为节点、增强各旅游景区可进入性的三级旅游分配系统。

第四节　京津冀与长三角、珠三角区域旅游一体化的不同

长三角和珠三角地区的旅游经济相对发达，区域旅游合作效果良好。两地区的旅游合作形式有一定的相似之处。本节将重点分析京津冀与长三角、珠三角区域旅游一体化的差异。通过对比分析发现：京津冀区域旅游的发展特点是以京津两市为核心，以张家口、承德、保定、石家庄、邯郸等优秀旅游城市为中心，形成"双核

多中心"旅游一体化合作网络；长三角地区则以上海为中心，以南京和杭州为次级核心城市，以苏州、常州、扬州、镇江、绍兴、湖州、嘉兴等旅游城市为中心的子核心，最终形成"一核两翼、多中心"的阶梯式旅游一体化结构。经过多年的发展，珠三角9个城市已初步形成一定的区域旅游特色。珠三角9个城市的旅游一体化发展，多年来按照旅游市场发展情况可划分为三个层次：第一层次为广州、深圳、珠海；第二层次为佛山、东莞和中山；第三层次为惠州、江门和肇庆。9个城市的旅游发展在珠三角地区的影响力、知名度以及在区域旅游一体化发展中所起的地位与作用、扮演的角色是不同的。

一、旅游资源集聚方式和旅游产业的集聚效应不同

京津冀地区与长三角地区、珠三角地区旅游资源分布的差异，如表4-1所示。

表4-1　京津冀、长三角、珠三角三大区域旅游资源数量对比

		国家4A级旅游区	国家3A级旅游区	国家2A级旅游区	优秀旅游城市	合计
京津冀地区	北京	23	8	43		74
	天津	2		10		12
	河北	18	1	17	4	40
江浙沪地区	上海	11	1			12
	江苏	23	4	14	14	55
	浙江	21	7	28	10	66
珠三角地区	广州	15	1		14	30
	深圳	7	5	14		26
	珠海	3	32			35

资料来源：笔者根据各地旅游产业研究报告整理而得。

分析发现，长三角不同类型的旅游资源集中在上海、江苏、浙江等不同地区。上海作为中心城市与周边城市在旅游资源上相互依存，在资源集聚上具有很强的互补性，核心城市必须依赖于周边城市，与周边旅游市场保持良性互动，最终实现融合一体化发展，不能离开周边城市而独立发展。对于长三角以外的远距离旅游者来说，仅凭上海的三类旅游资源无法满足他们的旅游需求，所以游客必将向江苏、浙江等地区转移。珠江三角洲地区也存在类似的情况，旅游资源分布在不同的城市，各自的数量占比相对平均。

京津冀地区明显不同于长三角地区和珠三角地区，京津冀地区是由资源和市场

密集的中心城市向外围辐射，如果北京没有发挥对天津和河北的辐射效应，那将导致聚集效应大于辐射效应，北京将对周边地区产生虹吸效应。与上海不同，基于自身的核心城市地位和旅游资源禀赋条件，北京可以摆脱对邻近周边城市的依赖而独立发展，并对天津和河北的旅游业发展形成强烈的遮蔽作用和虹吸作用。京津冀地区以外的远距离游客，在游览完北京的著名景点后，首选到天津和河北旅游的意愿将大大降低。即使河北省的一二类旅游资源比较丰富，也远远不足以吸引北京游客转移，更无法分享旅游发展收益的份额。

此外，就旅游业的聚集效应而言，长三角地区的旅游一体化一直以市场为主导。2016年上海迪士尼乐园正式开业，就与长三角区域旅游一体化的发展及上海自身的聚集效应密不可分。长三角地区作为中国区域旅游一体化较成熟的地区之一，合作机制相对完善，区域旅游业发展迅速，公共服务设施和旅游业发展环境良好，旅游业发展集聚效果较明显，这些都为迪士尼乐园的建成和发展提供了良好的空间。上海迪士尼不仅填补了长三角区域代表性国际休闲娱乐产品的空白，为上海带来强大的旅游辐射效应、品牌推广和产业带动效应，形成旅游业强大的磁场，吸引东部地区大量的资金、技术、人才和信息，还将直接推动相关产业和长三角地区的经济发展，为上海现代服务业带来新的发展机遇，带动产业升级，促进长三角地区旅游业现代化和国际化水平提升，从而有效提升区域旅游品牌吸引力，提高整个华东地区的旅游竞争力。游客对上海强劲的旅游需求将直接推动长三角区域的旅游一体化发展。然而，京津冀地区缺乏类似于迪士尼这样具有较强旅游集聚效应的旅游项目，所以不能产生较强的品牌宣传效应、旅游辐射带动效应和产业驱动效应，从而表现出旅游产业的聚集效应及核心城市的带动辐射效应不强。对于珠三角地区而言，贯彻"着眼大区域、营造大环境、塑造新形象、发展大旅游"的工作方针，通过组织专门力量加快制定珠三角旅游总体规划，确定各旅游区资源开发利用的不同特色，避免邻近区域旅游主题方向重复和项目雷同，使珠三角旅游城市的发展做到统筹规划、重点突出、分步实施。充分发挥政府在旅游业发展中的主导作用，成立由省政府主管领导负责的、珠三角各相关城市参加的协调部门，本着树立广东旅游整体形象的原则，专门协调解决旅游发展一体化的问题。协调的概念不是均衡的概念，而是通过协调意味着珠三角这一区域内每一个旅游城市的优势能够得到充分发挥。珠三角各城市没有一窝蜂地把自己的城市都定位于"山水城市""国际大都会"等，而是切合实际，从珠江三角洲旅游发展这一总体规划出发，依托珠三角丰富的旅游资源，立足日益增长的城市旅游市场需求，在以第一层次广州、深圳、珠海旅游为特色引领的基础上，突出珠三角旅游城市各自特点，确立每一旅游城市形象的品牌，避免各旅游城市"盲目发展、重复投资"所造成的恶性竞争，通过优势互补，特色聚集，联合打造形成珠三角旅游城市的"航空母舰"。

二、核心城市的辐射作用存在差距

从上述比较可以看出，上海在长三角区域旅游合作中发挥着引擎作用。作为长三角地区的核心城市，上海发挥着关键作用，发挥了强大的辐射带动效应，其辐射带动面远远超出长三角区域的范围。珠三角则加强了广州和深圳在珠三角旅游一体化中的龙头带动作用。目前，北京在京津冀旅游一体化发展中的虹吸效应过于明显，与天津及河北在资源和市场上的互动效应明显不强，这与长三角和珠三角区域旅游合作中核心城市发挥的作用有很大不同；北京周边旅游城市的市场发展动力不足，北京旅游对周边城市发展的空间溢出效应相对较弱。

目前，京津冀区域入境旅游业整体发展水平不高。这不仅表明北京没有充分发挥其作为国际口岸城市的作用，而且对天津和河北的带动作用也不够。反过来，这两大作用没有发挥好，也限制了北京入境旅游的发展。如表4-2和表4-3所示，外国游客进入北京后，第二站到达天津和河北的只占9.3%，其中只有1.7%到河北，整体上流入京津地区的游客总数不到10%；而来自上海的游客中有1/3留在长三角地区，从上海流至浙江和江苏的游客总数高达33.6%，且分布相对平衡，浙江和江苏分别为17.6%和16%。通过比较以上数据可反映出，一方面北京周边地区对北京旅游的支持不够强大，另一方面北京对周边地区的旅游辐射带动能力明显不足。

表4-2　2014年北京入境游客前往第二站旅游目的地游客比例

第二站旅游目的地　　　游客比例	>20%	10%~20%	5%~10%	<5%
天津			7.6	
河北				1.7
上海	32.0			
陕西	23.4			

资料来源：笔者根据国家旅游局《入境旅游者抽样调查资料（2015）》计算所得。

表4-3　2014年上海入境游客前往第二站旅游目的地游客比例

第二站旅游目的地　　　游客比例	>20%	10%~20%	5%~10%	<5%
北京	21.6			
浙江		17.6		

续表

第二站旅游目的地＼游客比例	>20%	10%～20%	5%～10%	<5%
江苏		16.0		
广东			9.6	

资料来源：笔者根据国家旅游局《入境旅游者抽样调查资料（2015）》计算所得。

通过以上分析可以发现，京津冀地区与长三角地区在旅游一体化发展方面存在很大差异。京津冀地区的旅游资源和市场密集聚集，由中心城市向周边辐射，中心城市可以不与周边城市和地区联合发展，自身也能实现独立发展；而长江三角洲地区表现为市场聚集的中心城市与不同类别资源聚集的周边城市资源互补，中心城市与周边城市实现市场的互动，两者是相互依托的关系，如果中心城市与周边城市不能很好地联合，就无法实现独立发展。珠三角地区从各城市旅游发展的现状水平来看，各城市间的总体水平差距较大，广州一枝独秀，广州和深圳旅游业总量突出，珠海位列第三，与其他几个城市相比优势较大，其他6个城市之间梯度差距相对较小，广州、深圳、珠海在珠三角旅游业处于第一集团，佛山、江门、惠州、东莞4个城市处于第二集团，肇庆和中山处于第三集团，结合珠三角城市的综合经济实力分析，可以得出珠三角的旅游一体化是以经济驱动型的城市旅游为主体，带动区域旅游发展的模式。所以，京津冀地区的旅游市场和资源特点与长三角地区存在很大不同。京津冀三省市如何联合发展需要选择适合本地域特征的模式和途径。

三、区域内旅游服务设施配套情况差距较大

从表4-4和表4-5可以看出，京津冀地区的星级酒店发展极不均衡。从星级酒店的数量来看，北京占将近一半，特别是五星级酒店，88家酒店中有61家位于北京，天津和河北的星级酒店数量比北京少很多，而据相关调查统计，长三角地区的五星级酒店数量的差距没那么大。与此同时，天津和河北主要城市的国内连锁品牌酒店的分布也与北京有很大差异，表明天津和河北的酒店配套明显不足，这与天津和河北自身的经济地位明显不对称，与长三角地区相比远远落后。长三角地区的星级酒店分布相对均匀，这也反映出长三角地区整体的经济发展水平相对较高，发展相对均衡，酒店配套也比较齐全，为游客提供了广泛的选择；对于珠三角的酒店设施方面，从《2019年广东省酒店行业市场分析》报告来看，在酒店设施方面广东省数量居全国首位，而且从国家认证的星级酒店来看，广东省仍然领跑全国。珠江三角洲9个城市的酒店发展总体状况主要受人均GDP、旅游收入和进出口总额影响，

各个城市存在一定差距。相比之下，京津冀三地的酒店配套服务将会限制京津冀地区外来游客的跨区域无障碍流动，并进一步限制天津和河北地区旅游业的发展。

表4-4   2015年京津冀地区星级酒店数量比较   单位：家

地区 \ 等级	五星级	四星级	三星级	二星级	合计
北京	61	124	206	178	569
天津	11	33	46	12	102
河北	16	112	193	80	401
小计	88	269	445	270	1072

资料来源：《中国旅游统计年鉴2015》。

表4-5   国内连锁品牌酒店在京津冀各城市的分布情况对比   单位：家

城市 \ 酒店	7天	汉庭	锦江之星	如家	速8
北京	158	107	51	149	181
天津	27	40	17	57	6
石家庄	13	12	10	37	6
秦皇岛	3	3	4	5	3
承德	3	2	1	1	3
张家口	8	3	4	2	2
唐山	1	2	3	6	4
廊坊	3	9	3	7	5

资料来源：笔者根据艺龙网相关数据整理所得。

四、区域旅游企业联盟合作及整合营销存在差距

长三角地区的旅游企业在区域互动中形成了一批区域性行业自组织。长三角地区较具影响力的旅游业媒体《旅游时报》和《江南旅游报》在长三角地区16个城市中选取实力较强的16家旅行社（一个城市一家）组成联盟合作，联合打造"长三角旅行社合作峰会组织"平台，形成了由市场机制主导的景区、旅行社和媒体互动的区域旅游合作模式。珠三角地区则由旅游龙头企业与粤东西北部合作，加强与泛珠三角、环北部湾、海峡西岸、海南国际旅游岛及高铁沿线重点省份的旅游合作，促进粤台旅游合作。

泛珠三角地区旅游资源种类多、各具特色，整体呈现出"分类整合、多点传播"

的整合发展模式。通过对特色相近、同质的旅游资源加以整合，形成特色旅游资源带，进而构建泛珠三角无障碍旅游区，包括旅游政策无障碍、旅游交通无障碍、信息资源共享无障碍，使旅游资源带呈现出更丰富的内容，特色更鲜明，旅游价值和吸引力更明显，清晰传播泛珠三角地区整体的旅游形象。通过研究可以发现，有效传播的重要前提是创造最佳的信源。部分省区虽然旅游资源种类繁多，但没有形成自身鲜明的特色，没有通过整合表达出清晰的旅游信源，整体旅游形象也就不能有效传播，最终影响了旅游市场的整体发展。所以，区域旅游需要通过整合旅游资源创造具有特色的旅游信源。通过对比分析发现，我国长三角地区通过区域旅游资源整合，旅游合作实现了由旅游点向旅游区合作、由线路产品合作向旅游产业合作的转变，发展模式由政府主导转向市场主导。

与长三角和珠三角相比，京津冀区域的经济发展潜力尚未完全体现。环京津的旅游产品和服务缺乏创新，旅游资源的开发与北京之间存在很大差距，表现为旅游精品路线不多，天津和河北秦皇岛两地的沿海旅游虽然对游客更具吸引力，但多年来旅游娱乐项目的创新性不够，餐饮和住宿条件一般，配套设施不完善，除了传统的沿海旅游外，两地缺乏其他独特的旅游产品和服务来吸引北京游客，且在旅游产品和服务方面的创新投资不足。所以，津冀两省市尤其是河北地区与北京旅游相比，整体上在旅游配套服务和旅游产品创新方面还存在较大差距，旅游供应与北京的旅游需求也没有很好地实现衔接。

北京虽然是国内旅游最发达的城市，但却难以带头整合京津冀的旅游资源，缺乏区域旅游凝聚力，缺乏通过跨区域旅游供应链使三省市旅游市场供给与需求无缝对接的机制。作为世界级城市群的核心旅游城市，北京与上海的龙头带动作用还有差距，尤其是北京的龙头旅游企业尚未联合津冀的旅游企业实现跨区域联盟合作。京津冀地区地缘接近的旅游资源的联合开发不充分，如房山十渡与河北野三坡、怀柔白桦谷与河北丰宁、平谷黄松峪与天津蓟县，需要打破区域壁垒，联手打造旅游供应链以实现跨区域旅游产品和服务的大量供应。此外，相比之下，京津冀区域旅游供应链网络在旅游产品和服务创新方面也有待提升，很少有极具特色功能的创新产品。除了张家口滑雪场和张北草原音乐节外，能够充分吸引北京游客的旅游新产品并不多，同时旅游基础服务设施建设也相对滞后，迫切需要改善和提高服务水平。在对外统一宣传和联合营销方面，京津冀地区缺乏对区域旅游品牌的整体策划和整体形象的宣传推广，需要串联起旅游供应链上的节点资源形成统一的旅游品牌。在珠三角地区，广东省旅游局、香港旅游协会和澳门旅游局很早就共同成立了"粤港澳珠三角旅游推广机构"，进行区域旅游的联合营销与推广，共同打造跨区域旅游品牌，京津冀地区在这方面进展相对缓慢。

京津冀地区目前还未实现三省市旅游的均衡发展，优势旅游区快速发展，对阴影区旅游形象的屏蔽效应较为严重，虽然在部分领域实现了无缝对接，但还需在更深层次上实现合作发展。其与长三角和珠三角地区比较，旅游整合发展状况明显落后，一体化发展程度还不够高，旅游合作阶段有待于提升到一个更高水平。目前，长三角和珠三角地区的旅游发展经过多年的积极合作已走向良性循环，京津冀地区与长三角和珠三角地区不同，旅游资源和市场密集聚集在中心城市北京，北京的旅游形象地位高，而对周边的辐射和扩散作用不明显，对天津、河北造成形象屏蔽，使之在资源丰度、优度、聚集度上具有劣势，成为旅游行为减值区，导致整个区域旅游发展极不均衡。比如，国庆黄金周期间北京八达岭长城人山人海，而与之相距不远的天津黄崖关长城与河北金山岭长城则非常冷清，甚至不为外人所知，京津冀区域旅游业要实现的是均衡性的整体快速发展。

第五章　京津冀区域旅游一体化发展要解决的关键问题分析

第一节　京津冀旅游一体化中旅游企业跨区域合作现状调研

本书认为在京津冀协同发展中，旅游活动参与的主体是与旅游六要素相关的各类旅游企业，所以旅游企业的合作行为和合作关系将直接决定京津冀区域旅游合作的力度。因此，除了国家顶层设计的政策影响之外，本书将主要通过调研京津冀旅游企业进行跨区域旅游合作的状况及影响因素来探讨京津冀区域旅游合作的障碍。在目前的研究基础上，设计访谈提纲及调研问卷。访谈主要采用对重点对象进行面对面访谈的形式，同时包括电话访谈及网络交流。除了访谈，也对部分旅游企业进行问卷调查，问卷调查的目的是从企业合作的角度确定京津冀跨区域旅游合作的影响因素。

一、访谈调研

访谈提纲主要涉及旅游企业进行跨区域旅游合作的关系和行为，通过选取访谈对象进行重点访谈，记录访谈内容并整理总结得出访谈结论。

1. 访谈目的

本书访谈主要是在京津冀旅游协同大发展背景下了解旅游企业进行跨区域旅游合作的问题及其主要的影响因素。主要从企业的角度来了解京津冀区域旅游合作过程中旅游企业参与跨区域旅游合作的状况，特别是旅游企业在合作过程中遇到的问题及影响合作的因素。除了对企业进行访谈，本书还对旅游管理专业的专家教授及一线教师进行了访谈，了解他们对京津冀协同发展背景下跨区域旅游合作的观点和看法。

2. 访谈对象

访谈对象主要分为三类：一是三省市的旅游管理部门，通过调研了解它们对旅游产业发展的重视程度，以及对企业参与京津冀旅游合作给予的政策支持；二是某些旅游企业员工及相关负责人，调研企业员工对京津冀旅游协同发展给企业带来的影响的感受，旅游企业实行跨区域合作前后企业的变化；三是京津冀三省市的游客，旅游管理专业的专家、教授及教师。依据访谈提纲进行交流与问答，依据交流情况对访谈提纲进一步修正。访谈的基本提纲详见附录一。

二、调查问卷调研

以访谈为基础，结合京津冀三省市旅游企业参与跨区域旅游合作的实际及统计学中问卷设计的相关原理进行调查问卷的设计。问卷内容详见附录二。

1. 问卷内容

问卷内容具体包括：①被调查企业的基本情况，包括企业规模、所属的行业、从业时间及企业自身的属性；②企业参与跨区域旅游合作的意愿，重点调查旅游企业进行跨区域旅游合作的影响因素；③企业进行跨区域旅游合作的行为，主要调查合作行为是否成功。

2. 样本的选择

本书以京津冀区域旅游合作中旅游企业的合作行为为基础进行研究。采取随机抽样的方法，抽取中国青年旅行社、北京青年旅行社、康辉旅行社、凯撒旅行社、首旅集团、河北旅游集团六家旅行社及旅游企业集团进行调查。同时，随机抽取京津冀三省市的旅游要素企业进行调研，其中对旅游景区景点的调研，北京重点调研北京与河北交界的通州、平谷、延庆的部分景区，河北主要抽取秦皇岛北戴河景区、南戴河景区、昌黎黄金海岸景区，天津主要抽取五大道、意大利风情旅游区、海河景区。

3. 问卷调查的形式及回收结果

问卷调查主要采取网络调查及实地调查两种形式。经过一个月的调查，共发放调查问卷260份，收回问卷249份，回收率为95.8%，其中有效问卷234份，有效回收率为90%。

4. 被调查企业的信息统计结果

本书主要对旅行社、旅游集团及旅游要素企业中的景区景点企业进行调查。其中，旅行社占35%，旅游集团占12.8%，景区景点占25.6%，其他旅游要素企业占 26.6%。

三、调研结果

结合访谈和问卷调查的结果，概括总结京津冀企业跨区域旅游合作的状况如下：

1. 企业的合作信任度

通过调研发现，相对于与同地区的旅游企业合作，企业跨区域旅游合作建立起长久的合作行为和信任关系较难，河北部分景区旅游企业的合作意愿不高，对跨区域旅游合作成效存在猜疑，但一般随着合作时间的延长，跨区域旅游企业的合作信任度会逐渐提高。

2. 企业合作的持久性

由于跨区域合作企业之间实力悬殊，尤其是河北的旅游企业和京津的旅游企业在市场规模和人员素质上差别较大，所以形成持久的合作关系较难，再加上可供选择的合作旅游企业越来越多，而合作市场约束机制不健全，所以实力相当的旅游企业更能够彼此依赖，合作更持久。

3. 企业之间的交流

旅游企业跨区域之间交流的总体频率不高，尤其是相关负责人当面交流研讨的次数不多，有时候仅限于电话沟通，交流的有效性和交流质量还有待于进一步提升。调研发现，京津冀三省市旅游企业之间更多是通过交流获取市场信息及彼此的旅游产品信息，没有解决实质性的旅游合作问题。

4. 企业合作频度和深度方面

相对于同一地区的企业合作，旅游企业跨区域合作受地域、交流效率、信息分享机制等原因影响，和同一企业长期合作的次数不多或者合作的深度不够。近年来，河北秦皇岛、承德、石家庄、保定的部分景区景点与北京的旅行社的合作交往次数较多，石家庄、秦皇岛、承德、保定已成为京津冀区域内重要的旅游目的地。

5. 冲突的解决

旅游企业跨区域的合作，往往由于京津冀三省市地域的分隔、利益分享机制不统一、地区文化不认同等因素而发生冲突，但一般合作双方能够通过协商达成一致意见。河北、北京、天津在服务质量上差异较大，企业之间的利益问题有时较难解决，缺少解决冲突的协调机构和旅游服务管理机构。

6. 企业之间信息的共享

企业更倾向于与自身产品有相关性的企业建立跨区域合作关系，共享彼此的产品信息，所以跨区域旅游企业之间可共同开发同一旅游产品，或打造互补性的旅游产品线路。经过调查发现，京津冀三省市目前仍缺乏深入人心的、供游客及旅游企业查询的一站式旅游信息共享平台。

第二节　京津冀区域旅游一体化发展
要解决的关键问题分析

作为与长三角、珠三角相并列的三大城市群之一，京津冀始终是我国重要的区域经济增长极。在以北京、天津为代表的核心城市迅速发展的同时，京津冀内部发展不平衡问题逐渐凸显，成为制约城市群经济社会可持续发展的重要瓶颈。进一步深入分析京津冀旅游协同在空间、产业、景区、市场等方面所面临的问题后发现，京津冀区域旅游一体化发展要解决的关键问题表现在以下几个方面：

一、客源能否从北京分流到津冀以及如何分流是问题的关键

1. 如何通过解决跨区域的旅游供需匹配问题，促使三省市之间的流动充分

（1）如何解决旅游客源流动问题。

北京旅游能不能满足人民日益增长的美好生活的需要，实质上是旅游的供需匹配问题。从旅游的角度看，京津冀一体化国家战略最大的支撑就是打破区域空间分割，有效促进各种生产要素的空间流动，破除人的空间流动障碍。旅游的本质是人的流动，京津冀一体化中无论是交通的一体化、环境一体化还是公共服务的一体化等都将对旅游发展产生重要利好。旅游是人的流动，而人的流动最突出的一个作用就是消费能力和产品供给、资源禀赋之间的自然匹配。河北有很好的旅游资源，但需要与旅游消费相衔接才能真正发挥其价值，而京津尤其是北京有着巨大的消费能力，两者结合，可令各方各得其所、共享发展。旅游本质上也是一种供求匹配机制，这对于京津冀一体化的和谐有序推进是一种重要的保障。此外，旅游本身具有综合性的特征，京津冀旅游一体化有可能在推动其他领域一体化发展方面发挥有效的带头示范作用，而且相对于其他改革而言，旅游改革的难度相对较小，但改革的示范

带动作用却会比较大。

京津冀要吸引更多区域外游客，京津客源更好地流动到河北，就要实现区域内各种要素的充分流动，尤其是旅游流的无障碍流动。要实现这一目标，市场、交通、环境治理等方面的发展至关重要。交通一体化有利于区域内各种要素的充分流动，环境治理一体化能整体性改善区域的生态环境和空气质量，否则京津客源将不能很好地流动到河北，区域内消费能力、资源要素之间的协同效果也会大打折扣。

从京津冀旅游流内部结构来看，无论是远程客源市场还是近程客源市场多以北京为中心采取营地模式，区域内部的客流流向多以北京为中心向低级别城市流动，低级别城市则向高级别城市流动，而低级别城市之间的流动较少、联系较弱，因此应加强区域内部不同低级别城市之间的联系和互动。处在与高等级旅游地区邻近、交通相连或处于核心城市之间重要交通线上的低等级旅游地，应充分利用地理位置和文化上的相近，在旅游线路方面加强与高级别城市的合作，分流高级别旅游地的客流；边缘化的低等级旅游城市，应提高与核心旅游城市的交通通达性和便捷度，并注重在核心城市加强对自身的营销宣传。

天津、河北两省市旅游资源与北京相比并不具有较强的吸引力，所以来京散客很少选择前往这两省市，特别是京津冀圈外的长距离散客，受时间和费用成本的约束，他们一般会选择有限的旅游目的地，往往是依据旅游资源或旅游景点的知名度和吸引力。来京散客能否被分流到河北、天津两省市，取决于河北、天津两省市旅游资源的吸引力与全国其他区域相比哪个更具有竞争优势。

客源能否从北京分流到津冀，以及怎样分流到津冀，是京津冀区域旅游合作发展的关键。最有可能从北京分流到周边地区的群体就是目前正在成长的散客群体，相较于远距离来京的散客，京津当地居住的散客群体更易分流，针对他们开发的休闲度假游、中小尺度区域游更具有市场。所以，京津冀区域旅游市场是否应以散客旅游市场为主，并重视散客的旅游需求是值得思考的问题。除了圈外客源，京津冀圈内客源市场需求更具潜力。如何开拓这部分客源的需求，产生更多客流，同样是值得思考的问题。

（2）如何增强京津冀交通联系度，提升津冀旅游品质及吸引力。

京津冀交通运输网络呈现出放射状特点，整个区域内的交通运输布局不均衡。一方面，北京聚集了过多的交通运输功能，而北京之外的其他城市之间的交通运输连接不够充分，这样的交通格局长期持续下去会导致北京中转功能的负荷过大，市内交通拥堵越来越严重，影响京津冀区域其他城市之间的运输效率。另一方面，从交通区位来看，北京在京津冀交通网络中的地位太显著，旅游流过度集中流向北京，而其他城市之间由于交通联系度不大，导致天津和河北旅游处于屏蔽阴影之下。所以，解决京津冀交通区位屏蔽问题的关键在于提升除京津外其他城市交通的连接程度和促进其交通中心功能的发挥，将交通网络格局由"双中心"放射性转变为"多中心"网格式。

在此基础上，天津和河北地区应充分利用与北京紧密的交通联系度，大力提升旅游资源品质及吸引力，尤其是近距离短程旅游所覆盖的地区。一方面，河北应充分利用京津强大的旅游客源市场，加强旅游资源的互补性开发。从河北旅游局的统计数据来看，河北省客源中入河北境内游客的80%和国内游客的40%都来自北京、天津或通过京津进行中转，但也应该充分认识到，游客日益成熟和理性，不会仅仅因为天津、河北距离北京较近就选择去两地旅游，在加强交通联系度的同时应注重加强旅游资源的互补性开发和品质吸引。另一方面，北京游客的休闲时间大多集中在周末，目前大多数游客会选择驱车2小时范围内的近距离出游，调查显示，中国旅游者的出游活动主要集中于距客源地500千米以内的范围，且比例高达80%以上，符合距离衰减规律，致使旅游黄金周期间出京高速拥堵情况依然存在，同时也要注意津冀的旅游地也受到北京郊区景点的屏蔽，通过观察可以发现北京周边大大小小的景区在周末时常人满为患，距离北京市区较近的交通联系度是一个很重要的原因，同时也受到旅游资源的吸引力较大的影响。

2. 提高河北的公共服务水平并充分发挥好市场的作用是解决问题的核心

京津冀区域旅游一体化的发展需要平衡的公共服务环境，缩小公共服务水平的差距尤其是河北与京津的差距至关重要。新时期为京津冀合作带来了巨大的机遇，现代信息技术消除了距离的限制，高速公路体系的建设，特别是高铁时代的到来，使京津冀一带形成了一小时城市群，实现了速度对空间的压缩。尽管在京津冀地区实现了速度对空间的压缩，似乎北京巨大的空间不再是抑制人流、资金、信息、物流外溢的屏障，但因此认为京津冀会像长三角城市群那样自动一体化发展就太简单化了。在京津冀旧的发展模式的作用下，北京与天津及河北在城市公共服务等方面存在较大差异，阻碍着人才与资本的逆向流动。如何迅速改善河北等地区的公共服务水平，形成有效的市场化动力机制，为人才、资金、信息、货物的流动创造平等的环境，成为高铁化、信息化时代背景下京津冀一体化的核心难点。

对于合作主体来说，无论是政府还是企业都应该进一步发挥市场的作用，加深区域旅游合作的广度和深度。目前，京津冀区域作为管理主体的政府之间的合作深度还不够，政府之间虽签署了很多协议，也采取了很多措施，但是这些措施实施的难度较大，部分依然停留于纸面阶段。区域旅游资源开发依然没有摆脱低水平、重复建设的怪圈，地区产业结构趋同，加剧了产业的竞争程度，削弱了整体的区域旅游形象，阻碍了区域竞争能力的提高。作为市场主体的企业虽然已经具备市场行为主体能力，但市场机制的不完善和体制的不健全导致区域旅游合作还停留在简单的业务合作阶段，没有形成大规模的企业并购、重组浪潮，大量规模效益不高的企业充斥着旅游市场，无法达到规模经济的要求，市场不能够高效地配置资源。

二、如何解决京津冀三省市旅游市场联动发展、整体形象营销的问题

1. 京津冀如何形成三省市旅游互动合作机制

（1）北京如何与津冀两省市实现旅游联动发展。

北京旅游的理性发展，需要联合津冀两省市实现旅游联动发展，重新布局旅游产业，打造新的旅游产业链及旅游供应链，这也是三省市联合建设良好生态环境的初始动力。旅游资源的差异性是整合的积极因素。首都旅游的客源市场具有多样性，旅游消费需求也是多元的，这就对旅游资源提出了更高的要求。同时，旅游消费能力和旅游消费结构的差别影响了各地旅游资源的不同，如北京和天津博物馆和主题游乐场所的占比明显高于河北省，天津的博物馆数量所占比例在三省市中最高，几乎达到1/5，河北省红色旅游资源和休闲度假资源所占的比例比北京和天津明显要高。所以，京津冀三省市在旅游资源的培育上要充分挖掘差异性和互补性，充分利用这些差异进行旅游互动，实现优势互补、多方共赢。北京市的优质客源市场与河北省丰富的旅游资源，如何以旅游资源整合为纽带、借助京津冀协同发展平台实现有机互动，是加快实现京津冀旅游一体化发展的关键。

北京自身的发展和功能提升对区域的依赖程度实际上在不断增强，它的诸多功能需要周边城市来补充、支撑和担当。津冀两省市应与首都互助发展，利用好产业的转移效应和放大协同效应。功能疏解不是单向而是相互的，这个过程实际上是一个相互借力、相互助力的过程，也就是协同和共赢的过程。旅游发展具有溢出效应，不仅对本地经济发展具有溢出效应，而且对其他地区的经济发展也具有溢出效应。

（2）京津冀三省市旅游资源如何形成互补整合空间。

北京和天津的旅游发展在资金、技术、人才、市场等诸多方面具有优势，但是缺乏足够的发展空间。北京市人口密度高，市外旅游者所占比例很高，但其市内 A 级景区的密度达到了 138 个/万平方千米，旅游业发展缺乏空间，旅游资源相对短缺，从而造成对旅游资源的过度开发和利用，黄金周期间北京各大旅游景区连续多年持续爆满的现象足以说明这一点，游客的旅游体验很难保证，同时也影响了旅游资源

的可持续利用。天津的情况虽然与北京很相似，但具有一定的过渡性。河北省旅游业发展相对落后，其虽然幅员辽阔，旅游资源十分丰富，具有巨大发展空间和上升空间，但在发展过程中受资金、技术、市场等因素的制约，发展缓慢，河北省 A 级景区在过去一段时间内只利用了 10% 的接待能力。京津冀应充分、合理利用京津冀协同发展的有利平台，整合京津冀三省市旅游资源，实现三省市互动发展的区域共赢。

京津冀三省市的旅游资源现在还没有实现互补，京津冀旅游圈还只在发展的初始阶段，阴影区旅游资源的营销推广不到位，优势旅游资源的空间溢出效应不明显，两个核心城市的龙头地位或者中心城市作用并没有很好地发挥出来。同时，京津冀地区间的经济发展存在一定差距，资源配置效率低，阻碍了旅游资源的整合。

影响京津冀旅游资源整合的因素很多。宏观上，影响京津冀旅游资源整合的因素包括三省市旅游资源的联系、旅游业及旅游市场的互动性、京津冀协同发展平台的支撑；微观上，主要是京津冀三省市旅游资源竞争性和整合技术性等因素。京津冀旅游资源整合面临很多困境，包括三省市旅游资源的趋同性、生态环境约束、交通条件制约、经济一体化发展障碍、旅游协同互动机制建设滞后等。在促进区域旅游合作的各种驱动力中，旅游资源共享和互动机制是首要因素。借鉴北美五大湖区域旅游资源整合经验，发现京津冀协同互动机制还存在几个主要问题：缺乏广泛的共识，亟须建立健全制度环境，构建管理机构，亟须按照共识、制度、管理机构这三个层面来依次构建协同发展的三大支柱、培育协同发展的巨大动力。此外，京津冀三省市各自的资源禀赋、基础设施条件、服务业发展及设施水平、突发事件等也是影响三省市旅游协同发展的因素。只有充分利用京津冀三省市地缘相近的优势，通过整合各种资源做到优势互补，把京津冀作为一个整体进行旅游资源开发，才能更好地提升京津冀旅游资源整体的吸引力和旅游目的地整体的形象。

北京的客源是京津冀区域中最多的，因为其作为相对成熟的旅游目的地通常是游客的首选，这个特点不会因为其他条件的改变而改变。北京拥有丰富多彩的旅游资源，有自然山水，有名胜古迹，有文化遗址，也有乡村旅游，吸引了大量的游客。河北和天津虽然旅游资源多，但是精品比较少，没有鲜明的特色，再加上对旅游产品的创新度不够，所以旅游产品没有太多的新意和亮点。京津冀旅游一体化发展关键是要充分挖掘整合三省市间具有差异性和互补性的文脉与地脉旅游资源，并通过三省市旅游企业的良性互动，构成跨区域旅游供应链实现联动发展。

2. 如何充分发挥旅游示范区和雄安新区的旅游带动作用

一方面，旅游示范区的发展带动作用不明显，集聚效应较弱。目前，京东休闲旅游示范区、京北生态（冰雪）旅游圈（包括京张体育文化旅游带）、京西南生态旅游带（包括京西百渡休闲度假区）、京南休闲购物旅游区、滨海休闲旅游带这五个旅游示范区的发展尚未取得实效，引领效果不明显，区域资源整合及集聚效果较差。要共同建设发展示范区，需要按照《京津冀旅游协同发展试点示范区建设的指导意见》，联合启动京津冀旅游合作开发试点示范项目，加快五个示范区建设，丰富旅游产品供给，优化旅游服务体系，统筹协调，促进其辐射带动效应的发挥。

另一方面，雄安新区的建立对于京津冀旅游的协同效应目前体现得还不够明显。2017年，中共中央、国务院发布通知，决定在河北省建立雄安新区，这是促进京津冀协同发展的又一重要的历史性战略选择。建立雄安新区是在选准促进供给侧结构性改革、疏解北京非首都核心功能和京津冀协同发展这三者的耦合点后做出的决定。雄安新区与北京和天津一起形成了一个金三角，三地可以通过人流、物流、资金流和信息流的频繁流动实现同城化互动。三地之间旅游基础服务设施和公共服务的整合，为京津冀旅游业的协同发展提供了良好的硬件和软件环境。长期以来，京津冀旅游一体化战略实施和协同发展的最大障碍是行政区划分割导致的旅游管理体制的不协调。现在，雄安新区建设已成为京津冀地区首要的战略任务，行政边界不再是协同发展的阻力，齐心协力、整合发力成为协同发展的动力。三省市的旅游资源整合、产品对接和市场共享会促进三方共赢，产生"1+1+1＞3"的叠加效应。雄安新区发展的新体制和新机制将为京津冀旅游一体化发展开辟新的道路，特别是在企业的跨区域整合管理、旅游服务优化、旅游市场治理和旅游人才引进等软环境合作中。但是，新区的建设不是在短时间内就能完成的。目前，雄安新区建设处于探索发展阶段，对京津冀区域旅游协同的带动引领效果不明显，这需要继续推进旅游发展战略，并开展相关研究，积极配合国家有关部委最大限度地开展工作，以获得更多政策支持。

3. 如何提高旅游营销投入，促进旅游形象营销传播

世界一流旅游城市都有一流的旅游营销水平和强大的旅游营销投入。在国际市场上，北京的旅游营销投入目前还明显不足。按照国际旅游业的管理惯例，旅游目的地以其入境收入的0.4%用于旅游市场开发与促销。但北京市目前用于旅游市场开发与促销的费用还未达到0.4%的国际水平，接下来需要进一步加大营销资金支持力度。同时，举办奥运会、世博会等大型节事活动，对于提升旅游营销水平、促进北京城市发展及提升旅游国际知名度具有重要作用。在此基础上，还需要加强京津冀文化和旅游信息的互联互通，构建京津冀三地联合营销、整合营销信息平台，深化三省市在网络、新媒体和国际宣传平台的营销合作，通过营销合作提升整体旅游形象营销水平。

京津冀三省市在旅游营销上应重视旅游阴影区形象的营销传播力度及三省市的旅游营销分工合作。旅游产品具有无形性和不可移动性，使得旅游形象的传播成为旅游地推介的重要手段，一些旅游阴影区的形成正是由于形象营销传播的力度不够，所以应在这方面下大力气来改善。同时，如何深挖各地旅游潜力，开发具有地方特色的旅游产品，进行产品的有效互补，增大联合营销力度，逐步形成区域整体旅游形象，京津冀各城市的分工协作、实现互补互利是非常重要的。北京、天津、承德、秦皇岛等核心和次级旅游城市应充分发挥自身历史文化和自然资源吸引力，以中远程客源定位目标市场，大力发展观光、休闲度假旅游；三级和四级旅游地应以短途京津冀内部市场为主要客源市场，利用自身优质的自然风光和历史遗存资源，提供观光产品，以实现都市圈客源市场互补、旅游产品互补。在旅游线路设计上京津冀三省市需突破各级行政界线的制约，按照有利于充分发挥旅游线路上各旅游地功能的原则来设计和组织旅游线路，树立都市圈整体旅游形象与品牌，给游客带来高质量的旅游新体验。

概括地说，城市旅游形象是指社会公众和旅游者对城市旅游的整体印象和评价，包括人们对该城市旅游产品、旅游设施、旅游服务功能等总体、抽象、概括的认识和评价，是城市的历史印象、现实感知和未来信念的一种理性综合。城市旅游形象从内容来分，可以分为硬件和软件，硬件包括城市街道、标志及标志性建筑、历史古迹、园林绿化和环境卫生等物质形象，软件包括城市人的行为、市民时尚、城市文明、群体活动和城市政府形象等精神形象；从形式来分，可以分为行为形象、视觉形象、消费形象、风情形象、经济形象；从感知对象来分，还可以分为城市外部形象，即社会公众和旅游者留下的印象，以及城市内部形象，即市民产生的与城市荣辱与共的思想。

三、如何构建旅游资源组合结构及提升第三类旅游资源聚集效应的问题

1. 如何通过旅游资源整合形成区域旅游凝聚力

京津冀地区目前还未形成很强的区域旅游凝聚力。京津冀旅游资源虽然有着先天优势，但是其分布并不均衡，北京聚集了各种优质的旅游资源且知名度较高，能够覆盖津冀拥有的绝大多数的旅游资源，与天津、河北在旅游资源上的互补性仍需深入挖掘并加强利用；天津的旅游资源相对北京来说没有那么丰富，且高品质的旅游资源没有北京多；河北省虽有众多旅游资源且部分资源品质较高，但分布过于分散，没有形成聚集合力，且整合开发不到位，知名度与北京相比也逊色很多。所以，

在旅游城市发展及旅游资源整体形象上，天津和河北都在北京的遮蔽之下。

旅游业具有明显的特殊性，生产的是组合性产品，其不是生产相同产品的单个企业的集合，而是不同产业生产的产品和劳务共同组成的集合。旅游产业的外部边界模糊、内部产业层次错综复杂，所有产品和服务提供商都是以满足旅游者的需求为目的形成相互合作、关联紧密的供应链条及网络，共同为游客提供组合产品。旅游产品和服务涉及不同企业提供的产品及服务，包括旅行社、旅游交通企业、旅游住宿部门、旅游景区等众多的单项产品或服务，这些产品或服务之间不是替代关系，而是组合关系。

正是由于旅游产业的这一特殊性，使与旅游六要素食、住、行、游、娱、购相关的企业形成了不同的行业或部门为游客提供不同产品或服务。六要素息息相关且缺一不可，它们之间是平行的，相互协作形成多元化的旅游产品，任何一个行业的有效供给都离不开其他行业的配合。它们共同为游客提供综合服务满足游客需求，其中一个方面出现问题会影响游客对旅游产品或服务的整体体验效果。与六要素相关的旅游企业之间为竞合关系，不同行业、不同类型、不同区域的旅游企业是分工协作关系，而处于同一地区的同行业或同类型的旅游企业表现出竞争关系。提供旅游产品或服务的企业或部门，既可作为旅游产业链的中间环节，也可以直接面向消费者而独立存在。旅游产品的提供过程体现出生产和消费的同一性，旅游提供的最终产品是根据消费者的需求对产品进行排列组合后形成的组合产品。

旅游产品及服务的整体性体现出旅游的真正价值，为游客提供高水平的旅游体验，获得更高的规模效益。京津冀可以对相关的旅游资源进行聚类分析，通过空间上的聚合形成完整的旅游集群，形成集群式发展模式。集群式发展表现为旅游资源按照一定的空间尺度进行整合，尺度大体分为三种：大尺度，指的是跨省区市或者跨多个地市的整合；中尺度，指的是跨两个地市或者跨区县的整合；小尺度，指的是地市内或县内，甚至是邻近景区间的整合。京津冀旅游资源整合可以是跨省区市的，也可以是跨地市或区县的，至少也应是跨景区的，涉及多个管理主体。所以，整合的实质是多个管理主体的协同合作，构建并实施共同的管理机制和整合机制，形成区域发展合力，进而形成强大的区域旅游凝聚力。京津冀旅游资源整合的架构大致可以分为三类：松散型、联合型和紧密型。松散型，属于战略合作型，主要通过顶层设计、区域规划协同、地区间领导协调机制等进行广泛合作；联合型，也称为半紧密型，可通过成立联合管理机构，实现在制度设计、资源共享、营销合作等方面的深层次合作，提高规模发展效应；紧密型，多个景区形成联盟进行集团化经营，通过共同的管理展现出统一的面貌（见图5-1）。

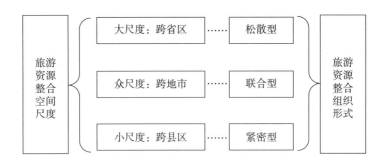

图 5-1　京津冀旅游资源整合空间尺度与组织方式相互关系

资料来源：程瑞芳．京津冀旅游资源整合与产业关联发展研究［M］．北京：人民出版社，2017：6.

2. 如何优化旅游资源组合结构，提升第三类旅游资源聚集效应

京津冀三省市地缘相接、文化一脉、交往半径适宜，同根同构的旅游资源相得益彰，有利于京津冀区域整体旅游形象的策划与推广。京津冀人文资源形成的年代相近，历史文化遗存可实现整体性发展，如长城、京杭大运河、皇家园林、皇家陵寝等，自然景观可实现聚集式发展，如燕山、太行山和海滨自然风光，有利于提高京津冀旅游资源开发的规模集聚效应，使旅游企业之间共享设施和服务，共享客源，降低建设投资成本和营销成本，这是打造区域特色旅游产业集群的重要条件。

虽然京津冀三省市旅游资源数量较多、类型多样，但并不能体现京津冀区域旅游资源的整体吸引力和整合价值，尤其是三省市旅游资源组合结构的相对价值还未体现。相对价值是指旅游资源在空间位置上与邻近区域旅游资源的组合结构，这种有效的组合能够促进不同区域对彼此市场份额的分享和对客源的共享，而目前天津、河北两省市旅游和北京当地旅游都没有得到这种资源组合结构体现的相对价值的分享效应。区域旅游一体化发展，必须发挥并强化核心旅游城市对次级旅游城市的辐射带动效应，通过不同发展层次的旅游目的地之间的差异化合作，引导旅游流在区域内自由、合理地流动，以实现区域旅游业的均衡化发展，而这就需要打破区域内传统的旅游空间结构，实现对现有结构的重构和整合。雄安新区的设立，在京津冀区域内部增加了一个新的旅游增长点，势必会对现有旅游资源的组合结构产生影响，促进区域旅游空间结构的优化。三省市政府应着力打破北京大首都旅游圈的发展格局，提高都市圈低级别城市旅游地的知名度，津冀必须在保护旅游资源的基础上深度开发旅游资源，充分发挥自身的旅游资源优势，获得市场的认可。

京津冀三省市旅游资源丰富多样，有一定的互补性，但旅游资源的组合结构仍需优化。一方面，京津冀的区域旅游合作主要发生在三省市邻近的位置，主要是自

发的比较松散的合作，合作范围偏小，合作领域较窄，合作主体单一，导致旅游资源的组合发展效果不明显。另一方面，北京作为全国的政治经济文化技术中心，同时又是历史上的重要城市，其旅游资源的吸引力和城市魅力远超过津冀；天津作为重要的商埠之地，旅游资源具有与北京相区分的独特性；拥有大量旅游资源的河北由于在资源类型上与北京具有一定的同质性，竞争力不强，虽然邻近京津，可以享受到一部分辐射效应带来的旅游收益，但在政府主导作用发挥有限的区域旅游合作状况下，北京旅游的强势对其造成了较强的遮蔽作用。近几年来，三省市政府积极沟通协商，签署了一系列旅游合作协议，但是仍然缺乏实质性的项目做支撑，政府部门没有充分发挥其应有的协同整合作用。

处于旅游阴影区的河北省，不适合与北京直接开展同质性竞争，而应当采取恰当的措施来规避屏蔽效应，投资开发及发展以休闲娱乐为主的第三类旅游资源是一种很好的选择。具有当地特色的休闲娱乐活动，能够直接满足外地游客了解当地文化、体验当地民俗风情的旅游需求，而游客高质量的旅游体验可以直接提升其旅游满意度。所以，相对于前两类旅游资源，以当地居民休闲娱乐游憩场所为主的第三类旅游资源，目前普遍受游客尤其是大众散客的青睐，可以极大地满足他们体验异地文化的需求，如不同的餐饮、购物、娱乐、休闲体验。相关统计结果显示，京津冀地区尤其是天津和河北的第三类旅游资源的聚集要远远落后于长三角地区，而第三类旅游资源是决定相对落后的河北旅游能否分享到京津远距离旅游客源的关键。目前，河北省虽然旅游资源比较丰富，但只能吸引游客短时间观光游览，不能长期停留，主要是由于河北休闲娱乐类商业活动比较缺乏，与北京和天津相比还存在很大差距，远远不能满足游客对第三类旅游资源进行体验和消费的需求。所以，京津冀地区尤其是河北地区应重点提升以休闲娱乐活动及商业活动为主的第三类旅游资源的聚集效应，发展商业、丰富休闲娱乐方式是新的旅游模式下京津冀需要重点发展的内容。

四、如何解决旅游企业联盟合作，实质性推进区域旅游合作问题

1. 如何形成旅游企业的跨区域联盟式合作格局

京津冀旅游发展格局正从以北京为核心的"单中心"演变为以京津为中心的"双核心"。北京的旅游影响力在京津冀城市群中处于绝对优势地位，天津次之，河北主要城市之间的旅游经济联系及旅游影响力整体呈上升趋势，但仍有很大的提升空间。京津冀三省市未来需要做的是，通过整合旅游资源、开发跨区域旅游大市场实现联动发展，建立区域旅游创新合作机制，在政府引导下促进旅游龙头企业、行

业协会、旅游企业之间的跨区域联盟合作，注重发挥旅游企业的主体作用，搭建平台使旅游发展低阶地区能够直接承接高阶地区的旅游创新发展成果，不断扩大整体的市场规模。

首先，引导和促进旅游企业的跨区域联盟式合作。区域城市之间进行旅游竞争与合作的真正主体是旅游企业。区域旅游合作可以是政府行为，由政府启动、支持和参与，但具体的实质性合作还得通过企业行为实现。旅游企业的跨区域合作，是区域旅游合作的必要基础。未来京津冀区域旅游一体化的实现需要三省市充分发挥各自地区旅游企业的优势，建立企业跨区域联盟式的合作机制，实现融合式发展。如相互引进优秀的旅游管理公司，对经营管理水平低的企业直接进行管理，提升其管理的规范化水平或充分发挥地方资本的优势进行资本重组，促进相对落后城市的旅游企业的改造升级。政府应鼓励旅游企业在人、财、物方面实现跨区域渗透，实现信息共享，在更大的区域范围内开展企业联合经营及资本重组。

其次，线上线下整合。旅游业的线上线下整合（O2O）属于技术进步和消费升级双重作用的结果，能够带来产业升级。"互联网+"背景下，旅游企业线上线下的双向互动及融合发展将成为旅游企业经营发展的重要趋势。这种融合发展是充分利用信息技术的强大优势不断创新技术融合的模式。一方面，随着线下旅游企业经营业务成本的逐渐增大，线上旅游企业业务规模的逐渐扩大，应逐渐减少线下业务，降低线下经营成本，同时增加线上业务。另一方面，充分拓展各旅游要素企业在移动互联网领域的业务，如推出旅游住宿的线上预订业务，开发线上旅游点评、旅游推荐等项目，不断提升线上服务效率和水平，满足消费者的体验需求，不断扩大用户数量；围绕旅游消费者的需求不断创新营销模式，突破传统业务的发展束缚，努力实现旅游产品和服务的差异化经营。

目前，京津冀三省市的旅游合作还没有形成"政府推动、市场主导、多元参与"的合作格局，更多倾向于政府主导的旅游协同，旅游相关企业及部门很多时候完全属于自发合作，很多旅游企业、行业协会等多元主体还没有参与到区域旅游合作中来。通过调研发现，三省市的旅游企业之间的合作多为一次性合作或短期合作，缺乏长期、稳定、深入的合作关系，合作基础不牢固，很多情况下是"联而不合"，没有形成实质性的战略联盟合作，很难形成集团化和规模化的合作格局，旅游企业之间的强强联合缺乏有效的实施机制。另外，就三省市旅游企业各自的发展而言，部分旅游企业缺乏现代企业管理制度，管理的科学性不强，即使部分企业实现了跨区域的集团化发展，但集团内的企业还是以本地发展为主，与其他企业没有紧密的外部联系，进而不能形成有效的联盟合作或者发展共同体。从合作范围来看，京津两地由于交通比较便利旅游互动明显增多，但京津同周边城市之间的互动合作还不够多，合作范围不够广。从合作内容来看，京津冀三省市之间旅游合作的内容还不够丰富，还没有扩展到共同制定旅游服务标准、共建区域旅游市场竞争与合作规则、共同开发旅游产品、共同策划区域旅游品牌形象、共同进行旅游招商合作等方面。

目前京津冀区域的旅游合作更多的是一种形式上的联结和表层呼应，三省市旅游发展联动机制还未实质性地建立，如龙头旅游企业还未像长三角、珠三角那样实现跨区域的集团化或资本化运营。在调研中发现，对于三省市共同的旅游发展战略与各地区旅游发展规划存在的冲突，以及三省市旅游企业在合作中出现的问题，京津冀还未找到有效的解决途径，所以旅游企业在解决问题时还是优先考虑自身的利益。面对共同的旅游市场，京津冀区域旅游合作亟须跨越制度的障碍，创新发展思路及发展模式，本书提出的构建跨区域旅游企业联盟就能很好地解决三省市旅游企业"合而不作、作而不合"的问题，强调充分发挥市场的主导作用，从企业服务市场的角度推动区域旅游合作的实质性进展。

2. 如何改变京津冀区域旅游协同发展的基本特征——非均衡协同

京津冀区域旅游一体化发展目前表现出明显的非均衡协同特征。一方面，协同主体实力对比悬殊，旅游市场和优势旅游资源明显向京津聚集尤其是北京，协同主体之间的相互依赖关系不显著。如果合作三方在合作之初就表现出不平等关系，后期则很难形成真正的共赢局面。另一方面，合作各方缺乏比较利益，合作的强势一方没有强烈的合作动机，而实力较弱的地区牺牲一部分利益，无法实现区域均衡协同发展。协同发展不是强势方的"不情愿式合作"，也不是弱势方的"一厢情愿式合作"，京津冀一定要找到区域旅游长期以来协同发展难以取得突破性、实质性进展的根本原因。

除此以外，三省市旅游产业链发展还不完善，缺乏有效提升三省市合作程度的具体举措。在我国很多地区，旅游收益多依赖旅游门票的收入，京津冀在一定程度上也存在类似问题，旅游业发展过多依赖观光类旅游资源，对休闲娱乐方面的消费项目开发不足，没有形成基于旅游六要素的旅游供给体系，或者过于重视旅游景区景点项目开发，忽视与旅游业相关的配套辅助产业的发展，没有形成全域旅游发展的空间格局，旅游产业链发展不够合理，或者不能实现实质性的深入合作。比如，虽然目前京津冀地区为了进行大旅游圈合作推出了旅游一卡通，但由于各种原因，旅游一卡通的使用率并不高；类似地，京津冀也推出了交通一卡通，旨在通过交通一体化带动旅游一体化，但交通一卡通持有率并不高，也没有发挥有效促进游客跨区域流动的实质性作用，协同发展效果不明显。

旅游企业创新管理是京津冀实现旅游一体化的关键。京津冀旅游企业众多，在经营理念、经营业绩、运营管理方法与技术、服务质量等方面有相当大的差距。以旅行社为例，除了中国国际旅行社总社、中国青年旅行社、康辉国际旅行社等少数几家旅行社实现了集团化经营，大多数旅行社规模较小，经营效率不高，抵抗风险能力较弱，产品缺乏创新，竞争优势不明显。若基于旅游供应链形成跨区域的联盟合作，则可以相互学习借鉴先进的管理思想及管理经验，通过参与供应链合作形成有效的分工协作，以构建核心竞争力。

京津冀三省市的旅游合作应实现北京由单纯的旅游目的地向综合性的旅游目的地、集散地与客源地的转变，以积极应对长三角地区核心城市上海和珠三角地区核心城市广州的挑战，同时跨区域延伸北京的旅游产业链及旅游供应链，充分发挥北京旅游的辐射作用及溢出效应带动京津冀联动发展，以使天津和河北通过区域旅游合作从北京获得更多的客源及旅游收益，达到互惠互利、三方共赢。

五、如何解决北京旅游发展与世界旅游城市发展存在的差距

1. 北京与世界一流旅游城市存在的差距

（1）旅游经济规模方面。

世界城市必然为国际一流旅游城市，而国际化大都市素来就拥有发达的旅游业，主要原因在于发达的旅游业内生于世界城市。1966年，英国规划大师彼得·霍尔就曾将都市旅游业解释为世界城市的一种主要产业，是国际化大都市的七大特征之一。伦敦的旅游产业已经发展成为仅次于金融服务业的第二大产业，旅游业年产值占GDP的10%以上，旅游就业人数占总就业量的15%以上。一个有趣的现象是，全球旅游产业最大的六个国家也是世界六大经济体，美国、中国、德国、日本、英国和法国的旅游业GDP占比均在2%~5%（见表5-1），这意味着这六个国家都在一定程度上依赖旅游业的发展。纽约、伦敦、东京、巴黎、中国香港、洛杉矶、新加坡、法兰克福、悉尼、多伦多、日内瓦、布鲁塞尔、柏林、大阪等不仅是世界著名大都市，同时也是世界一流旅游城市，衡量一个城市是否是世界级城市的标准即城市的旅游业是否发达。城市旅游业与城市发展互相促进，相得益彰。随着后工业社会的来临以及大都市产业结构不断演进的"软化"和"服务化"趋势，建设国际一流旅游城市对于世界城市建设的必要性日益凸显。2004年1月霍尔在南京演讲时曾预测，在未来的10~15年，北京、上海将成为世界城市，城市问题将不断加剧，同时他通过对伦敦、巴黎、纽约、东京四大城市的调研分析，指出政府的政策、城市旅游业、休闲和文化产业、商业及金融是解决大都市城市病的有效措施，也是推动城市发展的四个主要动力。

表 5-1 部分国家或城市的旅游业 GDP 及占比

高度依赖旅游业的国家和地区					
马耳他	克罗地亚	泰国	牙买加	冰岛	黎巴嫩
$1.4B/15.1%	$4.9B/10.1%	$36.4B/9.3%	$1.3B/8.9%	$1.3B/8.2%	3.6B/8.1%
巴拿马	中国香港	摩洛哥	希腊	墨西哥	
$3.9B/8.1%	$25B/8%	$7.7B/7.7%	$14.7B/7.6%	$79.7B/7%	
旅游产业最大的 6 个国家和地区					
美国	中国	德国	日本	英国	法国
$488B/2.7%	$224B/2.1%	$130.8B/3.9%	$106.7B/2.6%	$103.7B/3.7%	$89.2B/3.7%

资料来源：世界经济论坛《2017 年旅游业竞争力报告》。

世界一流旅游城市是指城市各方面的功能体系以旅游业发展为导向、在旅游发展质量和规模上发展水平都较高、具有全球旅游吸引力和影响力的城市目的地。都市旅游业是体现一个国家或地区整体形象的旅游产品，都市旅游是整个国家或地区旅游业的对外展示窗口和辐射中心。从世界各国的旅游业发展来看，旅游业发展主体功能的发挥几乎都在都市，尤其是大都市。比如巴黎、伦敦、悉尼、东京等国际大都市都是本国或地区旅游业的辐射基地。旅游业作为覆盖面最广、综合带动性功能最强、有着广泛发展前景的产业，大力发展都市旅游可以促进城市的基础设施、公共服务质量的改善，提升城市的开放度和国际知名度。都市旅游发展好的国际大都市往往集旅游、观光、度假、商贸、会议、展览、购物、文化等为一体，拥有先进的接待设施，一流的服务水平，可以满足国际游客多样化的旅游需求和旅游动机。北京与国际化大都市相比，就城市整体经济规模和都市旅游业发展水平而言还存在一定差距，北京城市发展的社会基础、经济实力、公共服务以及城市竞争力还有待于进一步提升，北京都市旅游的发展与世界一流旅游城市相比，仍具有很大的发展空间和发展潜力。

（2）国际会议展览。

举办大型国际会议是城市国际化程度的一个重要标志，也体现了一个城市的综合接待能力，而能否举办大型国际会议主要取决于场馆设施的条件。目前国际上对国际大都市的界定有一个大致的标准，即每年至少举办 150 次以上由 80 个国家和地区参加的国际会议。长三角地区的上海凭借其经济发展潜力、区位优势、便利的交通运输条件及城市相关配套服务，已经具备成为国际会展中心的基本条件。上海的城市定位是发展成为全球性、综合性的国际化大都市，在旅游发展模式方面也正逐步接近国际大都市的标准，追求把城市整体形象作为推向国际市场吸引游客的旅游吸引物，而不是若干独立的旅游景点。再如欧洲的巴黎、伦敦、维也纳、布鲁塞尔、柏林、日内瓦等几十个著名的国际大都市一直是国际会议旅游的主要接待地，汉诺威、慕尼黑等是世界展览中心，亚洲的新加坡、中国香港也是世界上排名较靠前的会议接待地。北京在大型会议展览中心建设上已初具规模（见表5-2），正成为越来越多国际会议青睐的目的地城市。从2018年北京国际商务及会奖旅游展览会上了解到，2017年，北京接待会议数量21.5万个，比2016年增加了4.7%，其中高规格国际会议的数量为81个，位居亚太城市第六、中国第一。在会议数量保持稳定增长的同时，会议市场的"北京服务"名片也被擦亮，越来越多的大型国际会议都主动选择落户北京，如国家会议中心每年承办的国际会议越来越多。北京的会奖旅游目前在国际吸引力、营商环境、配套政策方面与国际相比还存在一定差距，需要进一步提升北京会奖旅游的国际影响力，加深与大型国际会议合作，加大创新投入，创新办好北京各类国际商务及会奖旅游展览会等活动。

表5-2　世界四大城市及北京主要大型会议展览中心的情况

城市	设施名称	展场面积（平方米）	展位（座位）数
东京	东京国际展览中心	99660	1000
	东京国际会议中心	5100	5000
	东京国际贸易中心	56000	336
	东京会议中心	12500	—
纽约	纽约	—	5400
	JKJ会议中心	83600	3800
巴黎	巴黎会议中心		4000
	凡尔赛展览馆	219766	—
伦敦	亚历山德拉宫	13550	4000
	奥林匹克中心	29000	200
北京	国家会议中心	270000	6000
	中国国际展览中心（新馆）	193200	—
	中国国际展览中心（旧馆）	90000	—
	北京国际会议中心	18000	2500

资料来源：张凌云，程璐. 北京旅游业在建设世界城市中的优势与不足——北京与巴黎等世界四大城市旅游发展差异比较［J］. 北京社会科学，2010（5）：41-50.

（3）旅游购物收入。

购物收入是旅游活动六要素中最具弹性和最具潜力的，从国际旅游发展状况来看，购物创汇是旅游创汇的一个重要组成部分。比如作为亚洲购物天堂的中国香港，其旅游购物收入占旅游总收入的50%以上。2019年北京市民在京游客消费构成如图5-2所示，购物占比最高，为35.12%，其次是餐饮，占比为28.02%；2019年北京入境游客的花费构成如图5-3所示，购物占比24.51%，餐饮占比9.73%，距离香港的水平还有很大的距离。北京经过快速发展购物环境明显改善，形成了品牌聚集地，在餐饮方面不仅菜系齐全，同时还引进了种类繁多的外国菜，有条件积极拓展与旅游相关的购物、娱乐、餐饮、休闲、文化等综合消费，进而提升北京城市旅游整体的吸引力。

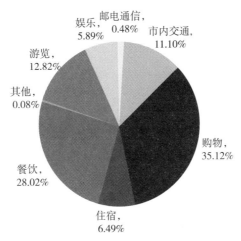

图5-2　2019年北京市民在京游客消费结构

资料来源：北京市文化和旅游局。

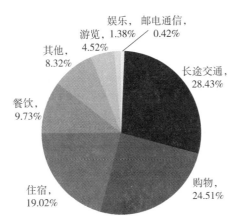

图5-3　2019年北京入境游客消费结构

资料来源：北京市文化和旅游局。

2. 如何解决北京市与世界一流旅游城市的差距

（1）北京建设世界城市应依托于京津冀城市圈的发展。

世界城市在建设过程中，往往有一个支撑其发挥控制职能的高度发达的城市区域。比如纽约，能够发挥控制全球经济的作用更多地依赖于美国东海岸大都市带的强大支持，而东京在全球经济中地位的稳固，主要依赖于东京大都市圈和日本太平洋沿岸工业经济带的强大经济基础。北京建设世界城市，同样需要环首都城市圈一体化发展的支撑。旅游业是区域经济一体化发展的先导产业，北京在建设世界城市的过程中，需要大力推进京津冀区域旅游一体化，力争使区域旅游一体化走在城市群一体化发展的前列。但是，区域旅游一体化的程度受城市群一体化整体架构的影响，所以目前应站在更高的高度来谋划京津冀区域旅游一体化发展，从而使北京建设世界城市从京津冀区域旅游一体化发展中获得更多的动力。进一步说，即北京的发展问题必须和天津、河北的发展问题联系起来一起解决。如果北京旅游对周边地区的"虹吸效应"不能有效缓解，那么不仅不利于北京建设世界城市，还会使天津、河北面临更大的旅游发展压力，反过来影响北京的发展。总的来说，首都北京的旅游发展，应依托于京津冀城市群体系的发展，在全国城市群发展中应该起到示范作用。

（2）扩大旅游市场的需求，引导旅游消费的升级。

北京凭借自身丰富的旅游资源、得天独厚的区位条件、便捷的交通网络和特殊的政治、经济、文化特性，旅游业应该迅猛发展，然而2015~2019年北京市国内旅游总收入增长较缓慢（见图5-4），2019年北京市国内旅游总人数为31833万人次，增长3.7%，国内旅游总收入5866亿元，增长5.6%。京津冀三省市中国内旅游收入占比最高的是北京，天津波动不明显，后被河北超越；国内旅游接待人次，河北增长最快，天津次之，北京最慢，2019年外省份来京旅游人数19267万人次，增长1.5%（见图5-5）。在旅游消费方面，国际上旅游高度发达的国家和地区的非基本旅游消费占比高于基本性旅游消费，如娱乐、购物消费和其他服务性消费（邮电通信、医疗服务、金融服务）等，占比达到60%以上。2019年北京市接待国内外来京游客消费的构成如图5-6所示，购物占比最高，达31.84%；基本旅游消费中餐饮、住宿、长途交通三者合计占比达到51.88%；景点游览占比9.18%；娱乐占比1.98%；邮电通信和其他占比较低，分别为0.15%和0.76%。由此可见，北京市旅游消费结构的高度化指数与国际水平还存在一定差距，北京旅游虽然发展态势良好，但是消费结构还应继续调整，需进一步提升非基本性旅游消费支出。2019年北京入境游客消费构成如图5-3所示，长途交通占比最高达28.43%，购物占比24.51%，娱乐占比只有1.4%。由此可以判定，北京入境旅游消费仍处于初级阶段，其非基本性旅游消费支出占比较低，阻碍了入境旅游经济效益的提高。相对于基本性消费而言，非基本性旅游消费的需求弹性更大，附加值更高。因此，京津冀三省市应继续加快调整发展步伐，加大非基本旅游消费领域的创新力度，进一步挖掘入境旅游消费结构中非基本性旅游消费支出的潜力。

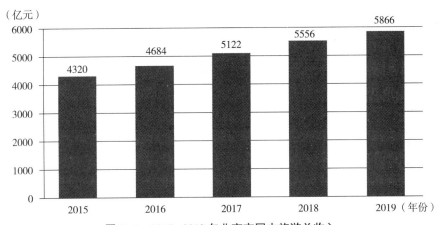

图 5-4 2015~2019 年北京市国内旅游总收入

资料来源：北京市文化和旅游局。

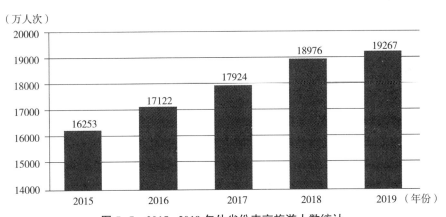

图 5-5 2015~2019 年外省份来京旅游人数统计

资料来源：北京市文化和旅游局。

北京提出把旅游业培育成为首都经济的重要支柱产业和人民群众更加满意的现代服务业，把北京打造成为世界一流旅游城市的目标后，联合国内外近50个知名旅游城市的旅游机构成立了"世界旅游城市联合会"，为各个旅游城市提供旅游形象与资源宣传、旅游合作与交流的平台，有力地推动了北京向国际一流旅游城市迈进。

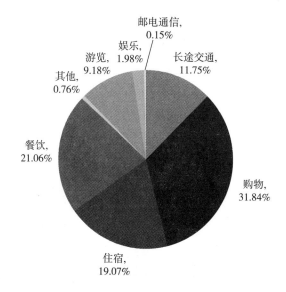

图 5-6 2019 年国内外来京游客旅游花费构成

资料来源：北京市文化和旅游局。

当前，北京处在经济结构转型、城市功能提升的重要时期，一系列支持旅游产业长远发展的政策举措相继出台和实施，为北京旅游产业发展带来前所未有的机遇。与国际发达旅游城市相比，北京旅游产业发展还存在不少差距，需要树立现代都市旅游发展理念，加强旅游业跨区域资源整合，共同开发京津冀创新性的旅游资源，完善旅游公共服务体系，大力提升旅游从业人员素质能力，做好旅游产业的融合，创新发展模式，提升旅游发展品质，推动北京旅游产业实现跨越式发展，破解首都旅游产业转型升级创新发展中的难题。

第六章　京津冀旅游一体化发展下的北京旅游发展功能定位

第一节　供应链视角下京津冀旅游协同推进的路径

一、通过跨区域旅游供应链联盟打造京津冀无障碍旅游区

旅游产业是与旅游六要素相关的各旅游企业协同运作的综合系统，包含多个利益相关者，如旅游资源开发者、当地政府、社区居民等。要促成这些利益相关者的协同运作，为游客提供一站式的旅游服务，"横向解式"的供应链管理变得更为重要。供应链管理可集成和整合不同区域的食、住、行、游、购、娱等旅游服务，促成旅游企业及其他利益相关者建立长期稳定的战略合作伙伴关系进而形成联盟，使企业跳出自身生存和发展的狭隘视角，把视野放在整个供应链运作中，考虑整个旅游服务供应链的服务增值问题，促进整条旅游供应链成本的降低和企业间信息共享水平的提高，最终实现服务水平的提高，极大地促进无障碍旅游区的构建。供应链上的企业应彼此信任，放弃短期的利益进行长期的合作，以获得最佳利益。旅游供应链战略联盟可以使供应链上或链条间的各旅游企业协同创新，获得更大的竞争优势，实现供应链合作伙伴共赢。

散客时代游客的需求越来越个性化，对于旅游业的响应速度提出了更高的要求。单个旅游企业已不能满足游客所有的旅游需求，即使竭尽全力能够满足成本也太高，所以急需与其他企业合作或借助于供应链之间的合作，共同为游客提供一站式旅游服务，尤其是跨区域的综合旅游服务。构建旅游供应链联盟，联盟内的企业可以专注于发展自身的优势业务，把发展的视野放在整个供应链的运作甚至是供应链之间的合作上，通过自主创新、企业间信息共享、有效的利益分配机制来降低成本，获得服务增值，这将成为旅游企业提高自身效益的动力和源泉，最终提高服务顾客的水平，实现无障碍旅游区的建设。另外，大数据、云计算、旅游电子商务的迅速发展，促使旅游服务供应链有条件实现跨区域横向发展，构建旅游供应链联盟顺应了这一发展趋势。联盟的动态、有序发展有助于联盟内供应链上各旅游企业实现有序

竞争、联盟内旅游产品的组合发展，有助于培育跨区域旅游品牌，提高联盟内旅游企业的合作创新意识及联合抵抗风险的能力，更有助于企业之间利用信息技术构建旅游信息综合网络平台。

旅游业发展涉及的领域较广泛，它们之间的联系程度相对较高。整个旅游供应链的高效和平稳运行离不开各个主体的协调和配合，战略联盟是在资源互补的基础上实现旅游产业运作的一种有效形式，因此，区域旅游一体化可以采取建立跨区域旅游动态联盟的方式，通过联盟内的旅游供应链整合实现旅游企业和其他利益相关者的协同运作。具体的联盟方式如下：首先，建立旅行社与游客之间的联盟，并以价格折扣为纽带；其次，旅行社、旅游景区、旅游交通企业、旅游住宿餐饮企业之间建立联盟，以获得规模优势，降低旅游服务成本；最后，与旅游相关的其他机构和行业企业之间建立联盟，如提供法律、行政管理、金融服务的企业联盟。联盟是动态发展的，强调根据旅游市场消费需求的变化而进行合作机制和服务流程的动态调整。

京津冀发展无障碍旅游，需要联合京津冀地区的多个城市，把不同城市中的特色景点和旅游供应企业通过旅游供应链整合在一起，共同设计旅游产品，共建旅游品牌及区域旅游形象，共享规模效益，通过联盟消除旅游壁垒，共建无障碍旅游区。基于供应链管理的整合理念，跨区域构建旅游供应链联盟有助于解决京津冀无障碍旅游区构建中存在的各种问题，如地区保护主义、旅游虹吸效应、旅游公共服务滞后，以及旅游信息的分享不足。联盟作为一种很好的供应链整合的解决方案，可以有效地促进跨区域不同类型要素企业的竞争与合作，而跨区域旅游供应链联盟可以更好地适应散客时代京津冀无障碍旅游区的旅游需求。

二、基于虚拟旅游产业集群，实现全域旅游生态链的全要素打造

1. 虚拟旅游产业集群

虚拟旅游产业集群以旅游资源为基础，以旅游产业发展为核心，以市场机遇为导向。根据旅游产业价值链中的各价值环节，可将虚拟旅游产业集群核心企业分为四个层次：核心产业、推广产业、辅助产业、支持组织。不同层面的旅游企业通过电子商务合作平台实现"横向解式"供应链企业间的合作与信息共享，特别是通过各旅游服务提供商形成供应网络或虚拟企业动态联盟，最终形成相对稳定的、具有核心竞争力的虚拟产业集群。不同于传统旅游产业集群的地域性特征，虚拟旅游产业集群是以市场需求为集群定位，用虚拟空间的组织邻近取代传统的地理邻近，辅以支持性企业和政府机构的监督职能，旨在优化旅游产业价值链，实现共享资源和

提高协同创新能力。

虚拟旅游产业集群是基于实体价值链、具有虚拟供应链结构的旅游企业的集聚。在散客时代，游客完全可以绕过旅游中间商而直接联系供应商购买旅游产品；供应商也可以绕过在线旅行社（OTA）直接联系游客并出售旅游产品。在这种情况下，旅游供应链不再是纯粹的"链"，而是一系列内部异质的并行企业，结构层次不明显；旅游者的需求越来越细化，中小型旅游企业如雨后春笋般涌现，成为旅游国际化发展的生命线。因此，建立专业的中立信息服务中心，促进旅游公司之间的在线合作，并降低供应链成本、提高供应链效率和质量、提高客户满意度，这样就构成了虚拟旅游供应链的理论框架。事实上，旅游电子商务的发展本质上是虚拟旅游企业的发展，在线形成了虚拟旅游产业集群。因此，嵌入虚拟集群理论的研究框架对于旅游电子商务和旅游供应链的研究具有重要的创新意义。

2. 虚拟旅游产业集群与旅游供应链的耦合性

一方面，虚拟旅游产业集群是多条旅游服务供应链构成的网络。产业集群本质上是具有供应链结构，基于价值链企业的集聚体。旅游业的虚拟集群与旅游服务供应链的结构实体相同，都是由专业分工的同类产业或相关行业的旅游企业以及产业价值链中的相关配套辅助企业组成，服务于市场。虚拟旅游产业集群中存在着一批相互关联的旅游企业，企业之间存在上下游供需关系，每个旅游企业属于某条供应链，各单链供应链内的上下游企业相互配合，不同单链的旅游企业之间相互竞争。因此，虚拟旅游产业集群中围绕着旅游核心企业有多条旅游服务供应链。核心企业的非唯一性和生产服务的同业性，导致集群内旅游供应链的多单链性和服务相似性。集群内不仅有单链式的内部合作，而且有跨区域的跨链式合作；同时，由于旅游业对第一、第二、第三产业具有综合带动性，虚拟产业集群中单链供应链之外还有大量专业化的小型企业配合和补充着单链式供应链的生产和服务，所以集群内形成了一个纵横交错的旅游服务供应链网络。虚拟产业集群和供应链的强耦合，形成了网络化的集群式旅游供应链系统。

另一方面，虚拟集群为旅游服务供应链的发展提供良好的环境基础。供应链以产业集群为发展平台。虚拟旅游产业集群中不但有旅游产业内处于同一环节的多个旅游核心企业，也存在着与其相关的上下游旅游服务供应商，同时虚拟集群内企业的组织接近性和产业关联性代替了传统的地理接近性，各旅游企业在集群内具有弹性专精和信任合作的特点，能够充分进行知识共享，这为旅游服务供应链的有效实施提供了良好的平台和基础。一是虚拟旅游产业集群内的专业化分工形成了不同的组织单元，各单元基于各自优势构建了自身的核心竞争力，这是旅游服务供应链进行结构优化的基础；二是旅游服务供应链是连接游客和旅游电子商务的组织纽带，虚拟旅游产业集群提供的差异化和动态性的产品和服务是其适应市场变化的基础，同时虚拟旅游产业集群为集群内企业间的信息共享和沟通提供了平台，有助于提升旅游企业间知识共享和沟通的效率，降低沟通和交易成本，形成良好的竞争合作氛围，营造集群内企业共同创新的环境，所有这些都为旅游服务供应链的整合及创新提供了条件。

3. 基于虚拟旅游产业集群的供应链整合功能，着力打造全域旅游

在旅游业 3.0 的全域旅游时代（见图 6-1），移动互联网环境为旅游供应链的重构和整合创造了机会，特别是在区域市场。在全域旅游时代，需要重建供应链，只有通过建立新的生态系统才能激活全域范围内的单体企业单位，即通过整合供应链、区域资源，建立以游客为中心的集散中心服务体系，重新定义旅游产品和服务，从而进入一个多产业一体化的新时代，使区域内的多利益相关者实现价值最大化。

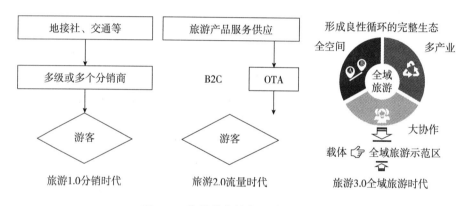

图 6-1 旅游供应链发展的三个阶段

虚拟旅游产业集群突破了传统地理空间的限制，使大量旅游企业在互联网平台上形成集聚，使传统的区域企业集群扩展到无形的虚拟空间，形成基于互联网空间的虚拟集群。更为重要的是，虚拟旅游产业集群可以实现旅游产品和服务供给的信息化，实现旅游服务的定制化，这一实现过程与旅游服务供应链的重构和整合密不可分。虚拟旅游产业集群中的旅游供应链整合是信息拉动式的整合，旅游服务和旅游产品组合始于游客输入的旅游需求信息。旅游企业利用虚拟集群供应链中的信息共享平台，收集和统计旅游需求者在线预订和行程定制的信息，最后分流转向不同的旅游产品和服务提供商，不同的旅游企业实现即时采购、即时交付产品和服务、即时销售，通过实时调整供应策略来实现即时响应。在基于旅游供应链整合的虚拟

服务网络中，虽然供应商提供的旅游产品和服务多样化，但同类供应商提供的服务是相似的，所以不同的供应商之间没有绝对的核心企业，而是保持各自的核心优势共同为游客提供服务。随着外部环境不确定性、旅游信息复杂性的日益增加，游客对旅游服务差异性的要求逐渐提高，这就要求传统旅游供应链之外必须有专业、灵活的服务企业作为弹性专精的辅助企业，有效地补充全域旅游供应链网络的运行。全域旅游强调多利益相关者的共同参与，并涉及全行业一站式旅游服务的供给，其体系框架具体如图6-2所示。

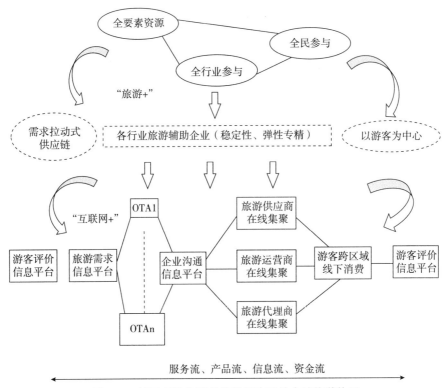

图6-2　基于虚拟集群式旅游供应链的全域旅游体系

在全域旅游的虚拟集群式旅游供应链中，旅游企业在"食、住、行、游、购、娱、健、闲、体"方面的合作具有稳定性、弹性专精、灵活性的特点，可以即时、迅速响应市场变化，满足散客时代游客多样化、个性化和日益复杂的旅游产品需求，并为提供基于时间竞争的大规模定制旅游服务奠定基础。同时，全域旅游体系中的旅游服务直接将游客拉入供应链中。旅游者在旅游消费结束后共享的旅游体验信息，会生成评价"信息流"，其又可作为旅游需求信息被采集。基于此构建的全域旅游生态链实现了旅游提供商、中间商和游客的无缝链接。因此，从战略角度来看，基于虚拟旅游产业集群的全域旅游体系不仅可以打破旅游产品和服务的空间限制，还可以突出空间的平台价值，旅游消费者也是其体系的一部分，游客不仅消费旅游产品，同时也生成旅游信息供旅游产品和服务的提供商参考，这是一种更具前瞻性的全域旅游发展战略思维。全域旅游体系不仅实现了对游客的全过程服务，也促进了旅游要素企业、旅游辅助配套企业、旅游管理部门等的全要素供给，旨在通过相互影响、相互作用的不同的供应链，提升旅游消费者的体验价值和感受，并利用信息流、产品流、服务流和资金流等旅游资源信息的共享，使旅游供应链的集成与整合成为可能。

基于京津冀区域旅游业的发展规律，笔者认为京津冀可采用"解决方案式"的全域旅游设计思路，即明确基于跨区域虚拟旅游产业集群的全域旅游发展目标；抓好制度创新、城乡规划、多监管整合；实施"旅游+"战略，促进多产业一体化发展；提升全域空间的旅游质量。具体来说，就是采用"点—线—面"的全域旅游发展模式，通过跨区域企业联动和产业整合，使旅游业发挥横向延伸作用，满足不同层次的旅游市场需求；通过旅游发展带动上游产业供给侧改革，提高旅游供给质量，实现优质旅游供给与下游多元化旅游需求的无缝衔接。例如，京津冀拥有九个特色小镇，可充分利用这些具有本土特色小镇资源，通过资源和服务的整合联合打造涵盖优质乡村旅游、沿海旅游、古镇旅游和草原旅游的全域旅游发展空间，同时可引进国际品牌度假村、酒店服务提供商、主题公园服务提供商和温泉旅游服务提供商等，综合提升全域旅游的服务质量，打造全球旅游综合目的地，突出京津冀特色旅游品牌建设。

三、构建基于供应链整合的京津冀旅游协同创新体系，打造世界级城市群

基于供应链整合的京津冀旅游协同创新体系如图6-3所示。旅游链是将多个旅游地或景区依次串联起来形成旅游环路，京津冀地区具备形成旅游环路的旅游资源条件。如环京津地区的保定—石家庄—邢台—邯郸太行山沿线，是山区农业、林业、森林公园、历史文化、红色文化、太行山民俗等旅游资源密集分布的地区，已开发建成国家4A级以上景区54个，有石家庄、保定、邢台、邯郸等区域中心城市4个，小城镇20多个，机场2个，高速公路多条，旅游外部交通发达，建设旅游中心地的基础较好。在太行山地区，建设"区域中心城市—旅游小城镇—旅游景区"三级旅游中心地和太行山旅游风景道，依次将太行山沿线的重要旅游地景区和旅游小城镇串联起来，开发太行山区旅游链型旅游目的地，既能满足京津冀及周边地区居民中

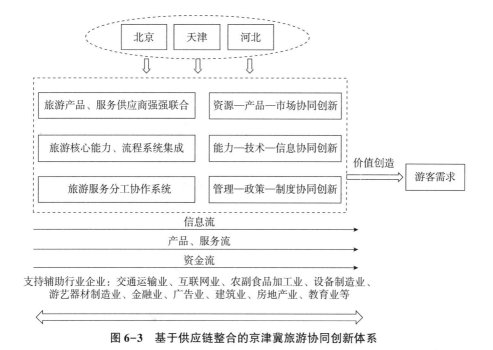

图 6-3 基于供应链整合的京津冀旅游协同创新体系

短途自驾车旅游需求，又对太行山区具有一定的旅游扶贫功能。① 供应链整合的内容具体有以下几个方面：

一是供应链整合强调强强联合的联盟合作、资源整合和整体运营。供应链管理不仅是适应快速变化的环境的先进的运作模式，而且还是一种强调协调多个参与者活动的全面整合的系统观。其强调通过强大的联盟合作、资源整合和整体运营，客观地将现有的旅游服务分工及合作系统与旅游企业的运营管理相结合，通过两者的整合运作构建协同体系。基于供应链的整合理念，旅游业可以形成基于游客实际需求的不同参与主体的整合运作模式，这是基于旅游供应链整合的整体运作模式。该模式可以整合全域空间的旅游资源，凝聚与旅游相关的多个行业企业的核心能力，实现旅游全要素企业的整合运作。

二是多产业企业在全域空间的联合是旅游业综合带动性、强关联性的客观要求，旅游供应链整合所体现的跨区域旅游供应链战略合作恰好与这一理念相吻合。全域旅游生态空间的打造需要不同层次的各类旅游企业基于散客个性化、多元化的旅游需求，思考战略层面的联盟合作。面对不断扩大的旅游市场，旅游服务提供商必须

---

① 程瑞芳. 环京津地区旅游交通与旅游目的地空间模式开发［J］. 河北经贸大学学报，2016（1）：113.

重新针对自身定位，确立在某一服务领域的核心竞争力，形成竞争优势，以竞争优势来吸引和赢得顾客。基于企业的核心竞争优势实现强强联合的旅游供应链协同创新体系，是通过旅游供应链整合把为同一市场或不同市场的重叠部分服务的优秀企业联合起来，通过旅游供应链向游客提供不同的旅游产品和服务，构成分工协作的旅游产品和服务供给体系，实现价值创造，通过协同创新共同为游客提供服务。

三是供应链管理中的资源整合理念不仅强调供应链上企业的资源共享，而且强调整合可利用的与旅游业相关的内外部企业的资源。集成整合的目的是提高资源利用效率和企业运营效率。旅游服务系统是分工与合作的体系，以及整合是集成、综合、融合、一体化的内涵，必然要求通过整合与分工协作相关的所有资源来提高旅游服务质量。需要注意的是，资源整合不是整合所有的资源，而是根据整合后要实现的具体目标来选择适宜的资源整合。基于旅游服务供应链的资源整合必须首先关注服务质量、成本和效益这三个核心，探索人、财、物和信息等资源的整合，重点研究如何通过旅游供应链整合实现所有企业的核心能力与资源、技术、信息应用的协同创新，以形成协同创新的整合系统。

四是旅游供应链的整体运作理念应体现在旅游供应链的整合思想与旅游供应链的整合运作模式上。供应链整合可以提高旅游供应链整体运作的运作效率、降低成本、提高服务质量。旅游供应链整体运作的平稳、顺畅，不仅依赖于旅游供应链整合体系的精细设计和创新管理，也取决于旅游供应链管理体系和政策的协同创新，管理、政策和制度的跨区域协同创新将影响到跨区域旅游供应链运作的效率和有效性。

要促成京津冀旅游一体化，有必要基于供应链整合构建区域旅游协同创新体系。只有创新才能实现赶超，才能为京津冀世界级城市群的建设注入新的动力。按照《中共中央、国务院关于建立更加有效的区域协调发展新机制的意见》的要求，需要加快形成区域协同发展的新机制，实现统筹协调、有序竞争、绿色协调，共享双赢。要实现这一目标，关键是要打破区域间的利益壁垒和政策壁垒，建立区域战略协调机制，完善市场一体化发展机制，优化区域合作机制，完善区域间利益补偿机制，促进公共服务基础设施的均衡化发展，创新区域政策调控机制，健全区域发展保障机制。只有这样，才能实现京津冀区域旅游合作的"爬坡过坎"，最终实现区域旅游一体化。

在具体实施方面，京津冀有必要加强三省市旅游规划的联系，通过协同创新资源—产品—市场，将京津冀三省市众多的旅游企业主体通过旅游供应链管理实现整合、互动发展，具体包括旅游餐饮住宿企业、旅游交通运输企业、旅行社、旅游资源开发企业、旅游商品销售企业等，以提升旅游消费者的价值和感受；通过共享产品流、服务流、信息流和资金流等信息，实现整个旅游供应链的整合运作，共同筹划建设多个跨区域的综合旅游项目，如推进长城文化景观路、浪漫渤海风景路、运河风景旅游带的规划建设，再如依托风景优美的旅游道路，建设以汽车营地和房车小镇为主要载体的自驾车营地，沿途建设绿化、美化、亮化的三维景观体系，安排观景台、特色驿站、生态厕所、汽车营等服务设施，形成"链式"品牌旅游产品。同时，加快京津冀三省市的旅游公共服务的充分融合，形成跨区域协同发展效应。尤其是在建设京津冀世界级城市群空间格局中，有必要充分考虑京津双城的空间布局。北京和天津有相互补充的产业结构，天津拥有世界级创新中心、著名港口资源、强大的产业基础，拥有广阔的发展空间，京津"双城"协同具备形成世界级城市群的实力。所以，在京津冀旅游协同发展进程中，加强京津的合作尤为重要，能否形成京津"双城"作为"双核"协同发展的合力，对京津冀旅游一体化的影响将是深远的。

四、通过创意产品营销，促进区域旅游流空间流动的相对均衡

国家旅游局的旅游抽样调查数据显示，有很少一部分的北京入境游客流向天津，但有超过1/3的游客流向上海。天津离北京很近，相对于北京，天津只扮演了中转站的角色，对北京游客的吸引力作用很弱。到达北京和天津的游客将近80%会扩散到河北，但分布不均，流向秦皇岛和承德的游客相对更多。从京津冀内部来看，京津冀的入境旅游主要集中在北京、天津、秦皇岛和承德，这些地区的入境游客量较大。要扩大国际影响力，天津和河北必须加强与北京的旅游合作，推出特色旅游产品，通过旅游供应链整合实现跨区域旅游产品和服务的协同管理，联合营销共同吸引游客，提升京津冀旅游国际知名度。

要实现区域旅游流的均衡流动，需要创新产品营销。产品创意营销的前提是明确京津冀三省市旅游资源的各自独特定位。京津冀三省市旅游资源丰富、独具特色，可以长城、京杭大运河、北京皇家文化以及津冀的畿辅文化、红色文化、太行山生态旅游等为突破口实现京津冀旅游资源的错位开发、一体化发展。良好的旅游资源组合能够产生叠加效应，促进区域整合发展，具体表现为优化京津冀区域旅游产品结构、提升旅游组合产品的品质、为游客提供更丰富的旅游活动内容、增强旅游吸引力、增加游客停留时间等。

目前，京津冀三省市缺乏统一的沟通协调机制，影响了京津冀旅游一体化的发展进程，需要建立统一的信息平台实现资源整合和信息共享，加强沟通协调，搭建智慧旅游平台，统一对外宣传和对内开展合作，构建京津冀旅游公共信息体系，具体包括京津冀旅游门户网站、京津冀旅游内部协调办公网络、京津冀旅游协同监控

与应急指挥中心、京津冀旅游官方微信公众号、微博等。

北京历史悠久，是著名的历史文化名城，汇集了古代宫殿、皇家园林、坛庙寺观、老北京胡同、博物馆等旅游资源，文物古迹和风情民俗多样，同时又是现代化国际大都市和著名旅游城市，无论是自然旅游资源、人文旅游资源还是社会资源，都远远领先于京津冀区域内的其他城市。天津被称为中国近代史的"缩影"，历史文化资源独特，具有中国现代旅游遗产和工业旅游开发的优势。河北旅游文化资源丰富，红色文化、文化遗址丰富，地域文化独特。京津冀三省市虽然旅游资源丰富、特色鲜明，但产品营销具有资源依赖和重建设轻创新的特点，需要在体现传统文化精华的基础上，创新旅游产品开发，跳出传统发展的惯性思维，开发娱乐休闲度假产品，创新产品营销，创建一流的旅游产品品牌，做好品牌策划和营销推广。同时，为不同的客源市场创造四季营销热点，拉动淡季旅游，延伸产业链，有机地结合各种资源和文化元素，形成新的市场消费热点。

在营销方式方面，应充分利用新媒体营销和大数据营销，深挖市场需求，利用微信和微博开展即时营销，随时随地为游客提供信息服务和咨询服务，包括在线促销和客户咨询、活动营销等；开发并利用旅游 APP 软件，使各种沟通工具和营销方法实现协同效应，最大限度地发挥营销效果。此外，可利用"事件营销"促进品牌推广。以河北省旅游产品品牌营销为例，应创新举办一系列"遇见不一样的河北"活动，深化休闲、乡村、避暑、冰雪、红色、长城、历史七个不同旅游品牌的创作，举办"河北发现之美"旅游摄影大赛和"全国新媒体旅游达人点赞河北"的主题活动，或策划"探索有故事的河北"系列活动，设计和制作河北旅游创意短片，通过与媒体合作，宣传河北旅游形象。当然，京津冀三省市在打响自身品牌的同时也应借鉴长三角和珠三角地区旅游合作的成功经验，由北京牵头组织京津冀地区的旅游协作，带头打响京津冀区域的旅游合作品牌。只有加强河北和天津的创意旅游产品的推广和营销，京津冀区域旅游流的空间流动才能逐步均衡，才能实现京津冀旅游要素的无障碍流动。

第二节　北京旅游参与京津冀旅游一体化的功能定位

定位的实质是要解决可持续发展的问题。城市定位实际上就是一个城市要实现可持续发展需要遵循的发展目标，是一个城市可持续发展必须要考虑的问题。习近平总书记在视察北京时指出两个大问题：第一个是北京这么多问题怎么解决。习近平指出，解决这些问题的根本是推动京津冀协同发展和一体化发展。第二个是如何建立特大城市可持续发展的体制机制。城市人口达到 500 万就是特大城市，北京作为常住人口超过 2000 万的特大城市，关键就是要解决北京作为特大城市的可持续发展问题。按照北京城市总体战略规划，正确处理好"四个中心"与"四个服务"的关系，是北京新时期发展的重中之重。北京最大的优势是服务，当前要立足于"四个服务"，紧紧抓住北京"四个中心"的功能定位，在服务中发挥优势，在优化服务中促发展，在"四个中心"的定位建设中寻求发展突破。

京津冀建设以首都为核心的世界级城市群可借鉴世界各地建设世界级城市群的经验，进一步提升北京的辐射带动能力，消除三省市之间有形和无形的障碍，加快新区建设，培育新的经济增长极，改善城市群的形态，优化生产力布局和空间结构，发挥京津"双城"的引领作用，提升河北城市的发展能力，实现优势互补及一体化发展，改善城市功能分工和城市体系，创造一个具有强大竞争力、高品质生活、高度整合、协调发展、尽显城市魅力的京津冀旅游一体化世界级城市群，充分发挥北京作为旅游枢纽集散中心的作用。

北京应以国际发展为导向，建设文化特色鲜明的新型世界城市，继续推进旅游经济发展和旅游公共服务体系建设。世界城市的主要特征是发达都市圈的中心城市。北京在产业转移和功能疏解过程中应注意进行多种组合：将非首都功能疏解、解决"大城市病"问题与城市旅游空间拓展、培育新的旅游增长点结合起来；将功能疏解与建设京津"双城"、打造北京城市旅游的国际影响力结合起来；强化北京与天津的旅游一体化合作；将首都功能疏解与河北旅游业提质增效、雄安新区建设相结合，打造一批示范功能较强的"旅游示范区"；将功能疏解步骤安排与优化空间布局相结合，使区域旅游产业发展和公共服务的扩散提升沿轴、线、带同步推进。

城市和区域是一个相互关联、相互依存、相辅相成的整体。城市作为区域的增长极，也是区域的核心，区域是城市的载体、支撑和扩散的腹地，两者是不可分割的。城市是区域经济联系的枢纽，区域中的任何城市都不是孤立的，城市之间依靠空间上的相互作用组合成一个具有一定结构和功能的有机整体，从而形成一个城市系统。核心城市与所在区域的其他城市可以进行共生互动。作为京津冀的核心城市，北京对区域的一体化发展发挥着引领、带动和主导作用，要实现从"虹吸"到"扩散"的根本性转变。北京和天津这两个核心城市应共同努力，形成合力，共同推动整个京津冀区域的发展。北京必须加强与天津和河北的合作，不断增强创新能力和国际影响力，在通过产业输出和跨区域合作实现自身产业升级的同时带动周边发展，逐渐缩小发展差距。北京具有历史悠久、富有创造力、充满活力和热情好客的城市文化，应充分利用自身巨大的城市品牌资产促进文旅融合，使文化和旅游成为北京建设世界城市重要的资源和特色。

此外，北京要有效地疏解非首都功能，积极推进城市副中心的建设。目前，北京各旅游景区景点产品开发的创新性不足，发展模式相对单一，城市内各区的旅游发展定位和旅游要素分配缺乏统筹规划，各旅游景区景点之间的竞争大于合作，没有通过分工协作形成链式发展，整体组合优势没有显现。北京应明确各旅游景区景点的功能，通过旅游供应链管理来整合旅游资源，加强区域旅游协同创新体系建设，积极发展全域旅游，全面提升旅游对区域经济的带动和溢出效应。目前，对于周边省份和城市来说，北京旅游业的整体溢出效应并不显著，有必要加强北京与周边地区进行旅游协同和供应链联盟合作，形成旅游城市带或城市群发展，与天津、河北共同打造世界级旅游城市群，进而带动北京旅游综合竞争力的提升。

一、落实北京城市总体规划，发展"人民满意"的现代旅游业

京津冀区域经济的协同发展为三省市旅游资源整合及旅游业协同发展提供了坚实的基础。目前，北京已进入后工业化发展阶段，河北和天津分别处于工业化发展阶段的中期和后期，三省市社会经济发展水平大致呈现阶梯状结构，为京津冀区域旅游资源整合的梯次推进提供了内在发展动力。要解决好京津冀区域一体化问题，重点是要解决好北京和河北的协同发展问题。其实，北京和河北具有独特的地缘关系，两省市在经济发展中有着耦合发展的天然内在联系。一方面，河北为北京的城市发展提供了各种必需的自然资源和社会资源；另一方面，河北也可以充分利用环首都优势，直接承接北京市各方面发展的辐射效应，包括经济的、政治的和文化的。但与发达国家的都市圈相比，京津冀都市圈的经济社会发达程度还存在很大差距，主要是因为河北省与京津还没有形成合理的梯度发展结构，首都北京的外溢效应还没有充分发挥出来。所以，建立高效的协调和承接机制，形成协同合作的发达的首都经济圈，是京津冀需要解决的重要现实问题。差异性整合京津冀三省市旅游资源，促进河北省建成环首都旅游休闲产业合理的圈层结构，不仅对于发展京津周边旅游休闲产业，而且对于提升整个环首都经济圈建设水平都有重要的现实意义。

建设以首都为核心的世界级城市群，需要重点发挥"一核两翼"的突出作用：拓展空间、提高经济辐射能力和示范引领作用。京津冀应充分借助城市副中心和雄安新区的"两翼"发展，带动三省市旅游协同互动，加快旅游市场一体化进程，打造新型京津冀旅游圈，努力形成京津冀三省市目标同向、措施一体、优势互补、互利共赢的协同发展新格局。①"一核"是首都功能的空间载体，是核心，"两翼"就是通过打造市域内和市域外两大非首都功能集中承载地使"一核"更好地发挥作用。"一核两翼"是一个整体，因此应加强协同互动，形成差别化定位与分工合作错位发展的新格局，共同

---

① 顾阳.协同发展新格局正在形成［N］.经济日报，2019-02-23.

提升优化首都功能，并以此为基础，加速将北京建设成为"国际一流的和谐宜居之都"。①

首先，北京城市总体规划将北京定位为"国家首都、国际城市、文化城市和宜居城市"，为北京旅游空间发展模式调整和资源整合指明了方向。根据北京"四个中心"和"一个首都"的战略定位，要把北京建设成为国际一流的和谐宜居之都，需要牢牢把握"都"与"城"的关系，按照宜游、宜业、宜居的标准规划首都旅游业。同时，首都的战略定位也指出了旅游产业功能定位、旅游规划建设、古都保护、旅游公共服务和管理、旅游资源整合的发展方向。未来，北京需要进一步推动旅游资源的多元化、管理的精细化、服务的便利化、市场的国际化，全面提升北京旅游综合竞争力，使旅游业成为促进北京城市建设的功能性产业。北京目前虽已成为世界领先的旅游城市之一，但仍需要通过创新旅游发展模式，进一步提升北京旅游的综合竞争力，把北京建设成为世界一流的旅游城市，为北京"世界城市"建设目标的达成做出贡献。北京具有不可替代的旅游资源和日益完善的首都功能，旅游业是其优势主导产业，北京旅游业的提质增效离不开北京城市的发展，旅游业发展应与城市的发展相协调，两者相互促进、相互提升，才能实现把北京建设成为世界级旅游城市的发展目标。

其次，《京津冀协同发展规划纲要》要求优化和提升首都的功能，发挥"一个核心"的引领作用，建立京津冀世界级城市群。如何发展"一个核心"，根据《北京城市总体规划（2016年-2035年）》的要求，就是让人们有一种收获感，使北京成为人民幸福的美好家园。因此，北京旅游业要充分发挥满足人们日益增长的美好生活需求的积极作用，这也是旅游业发展的主旨所在。北京要处理好"舍"和"得"之间的关系，落实习近平提出的"北京要发展而且要发展得更好"的要求，不在发展的数量上纠结，而重视发展质量的提升，进一步加强"舍"的决心，坚定科学发展的方向，重点发展优质旅游，解决好旅游供需矛盾的问题。

最后，在提高"四个服务"水平的过程中，北京要重点发挥好旅游在促进和扩大国际交往、服务市民工作和生活等方面的重要作用。深入实施首都城市战略定位，深入贯彻京津冀协同发展战略，需要跳出北京看北京，按照京津冀协同发展规划体系和"一核两翼"的北京城市新骨架，提升雄安新区和北京城市副中心的发展规格，从发展的高起点向高标准迈进，紧紧抓住疏解北京非首都功能的"牛鼻子"，在促进京津冀协同发展的同时，不断优化和提升首都的核心功能，按照"两轴—两带—多中心"的发展思路，提升北京作为区域核心的旅游国际竞争力，不断丰富北京旅游

---

① 李国平．加强"一核两翼"协同发展［N］．北京日报，2017-07-31.

的整体功能，通过提升北京的城市旅游发展水平，建设世界一流的和谐宜居之都。

二、完善北京自身旅游发展，发挥核心旅游城市的扩散和辐射功能

北京要解决自身旅游在京津冀旅游协同发展中面临的问题，必须加强与河北、天津的联动与互动，充分发挥引领和龙头作用，通过加强区域旅游合作积极推动区域旅游业的发展。

1. 积极发挥北京核心旅游城市的扩散效应，带动京津冀区域旅游的共同发展

北京应充分发挥自身作为核心旅游城市的扩散效应，利用在技术创新、制度创新、管理创新和服务创新等方面的举措带动周边区域旅游业的发展；协助、对口帮扶周边城市发展旅游业，支持龙头旅游企业以企业联盟或集团形式积极参与周边地区的旅游开发和管理，帮助各地加强旅游产品创新，促进旅游产业信息化。周边城市应结合自身的区位特点和区域发展背景，采取灵活的旅游产业政策，提升旅游企业的自主开发能力。例如，在旅游产品整合和旅游线路联合设计中，结合旅游消费越来越重视体验的特点，除了发展自然景观旅游，还应重点以区域文化为背景，开发一系列跨区域特色文化旅游产品，设计突出地域文化特点的跨区域旅游线路。

北京旅游业在区域协同发展背景下应选择内涵集约化、注重质量效益及可持续发展的发展模式，进一步提升自身在转型升级中的综合竞争力，促进区域旅游产业发展。一是加强和发挥北京旅游规划的主导和带动作用，加强北京城市总体规划与京津冀旅游协同发展规划的有效衔接；二是加强区域旅游功能区规划，实现旅游功能区建设、经营和管理的一体化发展，突出旅游资源及文化带跨区域发展的完整性和独特性，继续探索和培育跨区域旅游休闲示范区的建设，如京东旅游休闲示范区（北京平谷，天津蓟县，河北遵化、兴隆、三河），促进邻近地区旅游功能区的联合打造和一体化发展；三是积极发展全域旅游，率先推进旅游与信息化、城镇化、农业现代化的融合，扩大旅游产业体系，充分发挥旅游业的乘数效应和集群效应；四是基于旅游需求的多样化和旅游服务的完善，着重提升食、住、行、游、购、娱等旅游要素消费的文化附加值，重点挖掘在京津冀一体化发展中，北京与天津、河北差异大，具有首都特色的文化旅游产品和服务，同时加强自身吸引游客和向邻近地区输送游客的能力，提高向津冀输送旅游客源、旅游资本、旅游人才和旅游信息的能力。

北京在经济、社会、文化方面的优势对环首都区域的市场没有发挥辐射扩散效应，反而产生了较强的"虹吸效应"。环京区域为首都的发展付出了很多，北京应该

采取强有力的措施弥补该区域旅游发展的短板，这对于实现京津冀区域旅游一体化和把京津冀建成世界旅游目的地至关重要，同时也为北京非首都功能的疏解和解决"大城市病"营造了良好的区域协调发展环境。

2. 深入挖掘旅游消费潜力，推动区域旅游消费水平全面提升

提高北京旅游业消费水平的关键是提高旅游发展质量，即通过发展优质旅游留住游客，将延长其在当地的停留时间，促进游客消费，提升旅游综合效益，而不是低效发展单纯求得游客人数的增加。因此，北京应带头对京津冀地区的旅游消费潜力进行深入挖掘，重点是提升第三类旅游资源对游客的旅游吸引力，使游客通过对异地文化生活的体验如不同的餐饮、娱乐、购物体验得到心理补偿，从而促进区域旅游消费水平的全面提升。

北京应协同天津和河北，根据各自资源的特点发挥比较优势，实现旅游产品从一般观光旅游向包括休闲旅游、商务旅游、购物旅游等的高端旅游发展，进行跨区域的协同发展。北京应重点打造国际文化城市休闲旅游，天津应注重发展沿海城市商贸和休闲旅游，而河北应致力于发展生态文化、休闲度假旅游，突出差异化，打造特色品牌，通过跨区域旅游供应链联盟合作形成合作网络，联合打造统一的世界著名文化旅游休闲目的地，充分释放游客的旅游消费潜力，从根本上解决北京休闲旅游产品供不应求的问题，进而在核心城市北京的引领作用下，提升旅游品牌形象的国际竞争力和影响力。

3. 持续改善旅游环境，树立良好区域旅游环境形象

良好的旅游环境是区域旅游协调发展的迫切需要。北京应加强与天津和河北的紧密联系，为旅游消费者提供舒适宜游的旅游环境。北京应带头引领三省市实现旅游质量监督执法的联动、信息和成果的共享、协同改进等方面的深入合作，进一步规范三省市旅游执法，做好旅游标准化工作，共同探索与天津、河北建立三位一体的旅游服务质量标准体系、服务规范和智慧旅游体系，营造良好的旅游市场竞争环境；编制旅游公共服务设施建设体系，牵头解决各种旅游公共服务跨区域衔接不畅的问题，进一步完善旅游公共服务建设及环境治理机制，促进三省市联合建设良好的区域旅游环境形象。

北京作为京津冀区域首要的旅游中转地和旅游流集散分配中心，要避免北京旅游流量超出环境承载力的上限而引起扩散功能下降，应不断加强旅游环境承载力，改善旅游流的输送功能；通过加强京津冀区域旅游合作增强旅游流的跨区域扩散功能，解决由于旅游流过度集中而导致的交通拥堵、服务质量下降、游客旅游体验差

的问题,从而规避旅游综合竞争力的下降。除此之外,北京应加强与津冀进行环境协同管理,充分改善北京及周边城市的生态功能。

三、积极参与京津冀旅游协同体系,推动京津冀旅游一体化发展

北京旅游要做大做强,不可能脱离京津冀协同发展的支持。北京作为国际旅游城市、全国人民向往的旅游目的地,如果能加强与津冀两省市的旅游协作,不仅可以丰富北京自身的旅游产品类型、增强旅游竞争力,还可以促进京津冀旅游产业的整体升级。因此,作为区域旅游发展的核心城市,北京应在自身发展的同时,按照京津冀协同发展战略,遵循"互联互通,旅游先通"的原则,积极推动京津冀旅游业的协同发展。北京可牵头编制京津冀旅游协同发展规划和行动计划,加快实现三省市旅游业的组织管理一体化、服务一体化和市场一体化。京津冀旅游资源丰富,三省市发挥各自资源优势,协同发展旅游,共同打造旅游产品多元、旅游配套服务完备的世界级旅游目的地,成为"新常态"下的经济增长亮点。

建成环首都城市旅游综合体对北京的旅游发展来说是非常必要的,包括娱乐综合体、度假综合体和文化综合体。京津冀区域协同背景下,只讲北京旅游是不可以的,必须结合首都都市圈、环渤海经济圈来明确北京旅游的发展定位,考虑北京环城市旅游发展的问题。北京的旅游综合体建设可以涉及北戴河地区、天津、坝上,也可以包含廊坊、保定,在交通一体化的发展趋势下,实现旅游服务、管理和资源的整合发展。目前北京郊区的旅游项目还比较单一,一般都是采摘、垂钓、农家乐之类,与国内其他环城市综合体或国际旅游综合体相比,北京的环城市旅游产品还存在很大差距,旅游者的需求巨大,可是供给还没能跟上,所以一定要思考未来如何做得更好。

要创新发展首都旅游业,必须要打破区域限制、多方联合,发展大旅游、大产业,实现京津冀三省市的共赢。世界旅游业的发展实践已经证明了这一点,国内几大区域旅游也在朝着一体化方向发展。京津冀三省市的旅游合作可以促使北京实现由单纯的目的地向目的地、集散地与客源地三者合一的转变,积极应对以上海为核心的长三角和以广州为核心的珠三角的挑战。京津冀地区旅游合作一方面可以把北京建成旅游集散地,延伸北京旅游产业链,利用其客源优势,获取最大程度的旅游收益;另一方面天津和河北通过区域旅游合作也可获得稳定客源,达到互惠互利。通过区域旅游合作,北京的旅游产品能在广度和深度上得到创新、丰富,改变目前传统单一的状况,提升旅游产品的综合竞争力。

在北京、张家口联合举办2022年冬奥会的契机下,探索创建首都北京与张家口的旅游联动发展机制是北京旅游发展应该考虑的重要问题。2022年冬奥会的成功申

办，将使北京成为全球唯一既举办夏季奥运会、又举办冬季奥运会的城市，北京与河北张家口的联合，可弥补北京旅游的短板，实现京冀两省市的互利共赢。所以，两省市旅游联动发展会带动跨区域的基本公共服务、生态的联动发展，同时能为解决环京津区域的发展问题提供解决思路。积极探索发展模式和机制创新，支持环京津区域优先承接北京产业转移，以及在可再生能源、农超对接、绿色生态、文化旅游、健康养老等方面的发展，不仅有利于推进全域旅游发展实现，同时有利于实现北京非首都功能的疏解，并为冬奥会的成功举办提供各方面保障。另外，在非首都功能的疏解过程中，通州应充分发挥作为城市副中心的作用，积极探索与河北旅游联动发展的合作机制。随着环球影城建设的持续推进，通州作为京津冀协同发展的关键节点，将在推动三省市旅游产业发展、基础设施建设、公共服务完善、资源环境优化等方面发挥积极的辐射作用。

1. 健全协同发展工作机制，实现组织管理一体化

京津冀三省市应明确各自的发展目标和功能定位，在顶层设计的基础上制定区域旅游协同发展的战略目标和发展规划，努力避免旅游供需矛盾的出现，重点做好旅游项目的开发、旅游营销和旅游供应链管理方面的跨区域协调发展。由北京率先推动三省市旅游业的大力合作，充分调动天津和河北的市场发展活力是北京参与京津冀旅游一体化发展需要重点考虑的问题。这需要通过建立高层次的跨区域协调机制，制定统一的区域发展规划，处理区域发展中的各种矛盾，协调区域协同发展中各利益相关者的利益，实现区域协同发展的可持续。2014 年建立了"京津冀旅游协同发展工作协调机制"，京津冀还需要继续创新协同发展机制，协调并整合三省市旅游发展要素，消除限制旅游因素自由流动的根源，重点做好跨区域旅游市场建设，改善区域旅游服务和旅游投资环境。具体实施上，北京联合天津和河北通过每年召开联席会议，讨论和解决当年的主要问题，编制旅游产业发展规划，明确发展目标和发展思路，共同促进区域企业实体做大做强。

2. 提升旅游服务水平，加强服务一体化建设

完善的旅游基础设施是京津冀旅游合作的重要基础，它将在确保京津冀旅游资源整合和无缝衔接方面发挥积极作用。因此，加快京津冀旅游基础设施的规划和建设至关重要且十分紧迫。一是科学规划区域旅游交通网络，完善旅游交通线路布局，缩短游客跨区域流动的时间。目前，旅游旺季时北京的交通拥堵问题仍然非常严重，北京和河北各旅游城市之间的交通联系还有待于继续完善。因此，要积极建立区域立体交通网络，实现游客在京津冀区域内的自由、顺畅流动，实现区域旅游一体化。北京

需要在已开通的旅游专列的基础上，继续加开旅游线路直通车，建设便捷的旅游交通网络。二是旅游景区的交通要实现"进得去、出得来、游得开"，解决"断头路"及旅游交通瓶颈问题，建立"无缝换乘、快旅慢游、便捷安全"的立体旅游交通体系，尤其是对于旅游资源比较集中的地区，要按照"景随路转、路为景开"的要求，对接便捷的交通基础设施建设。三是北京发挥带头作用，联合河北、天津加快建设京津冀旅游网络公共服务平台，搭建京津冀跨区域旅游电子商务平台，开发京津冀旅游APP及"一码畅游京津冀"小程序，实现三省市旅游企业的在线集聚发展及整合发展。

3. 整合市场，联合营销，加快市场一体化进程

整合旅游资源是京津冀旅游业协同发展的基础。作为京津冀地区的核心旅游城市，北京应充分发挥其独特的旅游品牌效应。北京应该主动与天津和河北合作，建立跨区域旅游供应链，整合三省市的旅游资源，打破行政区划的障碍，共同开发高质量、特色互补、系列化的精品旅游产品，在跨区域旅游供应链网络中突出当地资源特色和旅游产品定位，实现优势互补，优化资源配置，提升区域旅游产品的整体吸引力和影响力。通过旅游供应链整合三省市旅游资源，利用津冀丰富的旅游资源弥补北京旅游资源的不足，可不断增强北京旅游的竞争优势，实现三省市的互利共赢。

在具体的跨区域旅游产品联合开发中，北京应根据旅游市场的细分，通过跨区域旅游供应链管理整合旅游景点和对应的配套服务，开发特色旅游产品和服务，形成"多核心"的京津冀旅游供应链网络，以满足旅游市场多元化需求。对于入境游客，主要设计突出中国传统文化的旅游线路，如世界遗产之旅（北京、承德、唐山），长城之旅（北京、天津、唐山、秦皇岛）；对于京津冀区域以外的国内游客，在传统文化的基础上，可以加入现代文化元素，如奥运场馆游（北京、天津、张家口、秦皇岛）；对于京津冀区域内的游客，可以设计"一日游"和"周末游"旅游圈，积极发展京郊、津冀的休闲旅游，加强京津冀之间的互动旅游，如北京游客前往津冀的短距离周末自驾游、凸显一体化的京津冀历史文化之旅等。

在区域旅游产品的市场推广中，北京必须与天津和河北合作进行联合营销，共同做好差异化营销，实现"1+1+1>3"的市场协同效应。例如，积极创建具有区域整体特征和发展潜力的新旅游项目，根据已推出的多条旅游精品线路，包括皇家园林游、长城游、滨海休闲游、红色文化游等经典线路，结合三省市共同编制的京津冀旅游指南和京津冀旅游地图，继续探索涵盖三省市主要景区和景点的创新性主题旅游线路，共同打造三省市共享的区域旅游品牌，联合开展旅游营销推广。三省市旅游部门的官方网站应设置京津冀旅游板块，实现旅游信息的互通和共享，或三省市共建在线开放旅游共享平台，实现区域旅游市场的互联互通及优势互补，互惠共

赢，为京津冀旅游业创造一体化发展奠定坚实基础。除此之外，三省市旅游主管部门与旅游企业应进行跨区域合作，积极组织节庆活动，借助于中国国际旅游交易会、北京国际旅游博览会等，联合开展旅游宣传和产品营销，继续推进冰雪旅游、温泉康养、草原避暑等特色文化旅游产品发展；继续扩大京津冀自驾游旅行护照及京津冀旅游一卡通的发行范围和数量，实施推进旅游同城化的优惠措施；建立激励机制，如在京津冀市场设立"精品线路设计推广奖"和"旅游营销创新奖"，重点奖励特色旅游线路策划和新产品策划；进一步加强区域旅游产业的资源重组能力，增强产业整合和辐射带动力，加快新一轮市场潜力的释放和整合进程。

4. 实现旅游城市发展模式的转变

当一个城市发展到相对高级的阶段后，进行城市旅游发展模式的转变，是实现旅游城市可持续发展的根本途径，也是旅游城市转型的现实需要。北京实现旅游城市发展模式转变必须要做好以下几个方面：

一是构建城市发展的"大旅游"格局。北京应充分发挥旅游业在提升城市整体形象、促进城市经济发展方面的重要作用，将旅游业发展纳入城市经济社会、城市整体发展规划当中，不能单纯追求旅游经济利益，还要兼顾社会利益、环境利益等多个方面，实现北京旅游业与城市的融合发展。

二是满足旅游"大市场"需求。旅游"大市场"不仅体现为市场规模的持续扩大，也包括市场需求结构和需求类型的变化。旅游活动与城市交通、生产生活服务、社会服务的每一个要素相关联，无论是入境旅游还是国内旅游市场，越来越呈现出自由、个性、新奇、多元化的需求特点。传统的点线式、团队旅游方式为主的旅游供给体系，已远远不能满足市场的新需求。除了新需求之外，伴随着京津冀三地144小时过境免签新政策的出台，也对三省市的旅游产品种类、交通便利性、环境友好性、服务高品质、城市及景点解说多语言系统等旅游接待体系带来不小的压力，所以亟须发展适应旅游"大市场"需求的旅游供应链体系。北京应紧紧抓住冬奥会的契机谋求旅游"大市场"发展。冬奥会的举办将大力推动北京国际化大都市建设及京津冀旅游一体化的发展进程，有利于北京建成世界旅游城市、提高京津冀旅游业的国际化发展水平，使京津冀区域旅游目的形象进入国际旅游城市群之列，在更大的国际市场上满足游客需求，实现旅游"大市场"发展。

三是提升旅游"大产业"发展效应。旅游业自身的特殊属性——边界模糊性和高度的开放性，使能与旅游业进行融合的产业范围非常广泛，衍生出了乡村旅游、会展旅游、文化创意旅游、养生旅游、体育旅游、工业旅游等，产生了众多的旅游资源。北京应大力发展全域旅游，积极促进旅游业与其他各类产业的融合，充分发挥旅游经济的乘数效应，带动城市经济全面发展、缩小城乡贫富差距、提高旅游城市的创新力，构建旅游"大产业"发展格局，延长旅游产业链条，形成旅游集群发展优势，促进旅游业的转型升级。

四是提升旅游者和当地居民的幸福感。洁净的空气、优良的生态环境以及安全、舒适、便捷、顺畅的交通条件，是城市与旅游业可持续发展极为重要的组成部分。北京已进入后工业化阶段，应创新发展理念，下大力气解决环境污染问题，彻底解决危害城市居民和旅游者身心健康的环境问题。环境污染问题会影响旅游者的体验，进而影响旅游者选择旅游目的地的决定。所以，北京在进行城市旅游发展定位时，必须注重转变经济发展方式，促进旅游与城市的融合发展，注重游客的旅游满意度和当地居民追求美好生活的需要，使全体居民共享城市经济和社会发展的成果，提升旅游者和当地居民的幸福感。

第七章 京津冀旅游一体化下北京旅游发展的对策措施

第一节 供应链视角下北京旅游发展的对策措施

北京从世界城市视角提出建设国际一流旅游城市的目标，具体内容包括：现代服务业繁盛之都、文化创意之都、国际旅游集团总部聚集之都、国际会展之都、生态宜居之都。世界城市多是以现代服务业为主导的城市，且普遍拥有发达的文化创意产业，文化创意产业是世界城市旅游吸引力的重要组成部分。北京文化底蕴深厚，是国内多数城市难以相比的，在世界各大城市当中也属罕见，然而文化创意产业发展还有待大幅度提升。北京虽是历史文化名城和全国文化中心，但文化影响力还没有充分发挥出来，尤其是缺乏有世界影响力的文化作品、文化活动和文化团体，这根源于文化发展定位和体制机制的影响。在文旅融合发展背景下，北京需要积极构建自由、开放、多元、包容的文化创新体制机制，努力建设世界文化创意产业之都，不应局限于旅游业发展视角，而应从大国崛起和中华文明伟大复兴的角度进行建设，文化的繁荣必将反过来推动旅游业的发展。所以北京应大力发展文化创意产业，提高文化产业对旅游业的辐射力，如大型国际会展活动，其对于吸引外国游客、提升北京旅游国际影响力具有重要作用，会展旅游的发达是国际一流旅游城市的重要标志。

世界城市发达的旅游业主要表现为都市旅游的繁荣，而北京的都市旅游稍显滞后。都市旅游发展是基于城市综合竞争力，与城市各部分包括城市商圈、社区、历史文化片区、道路街区等有机融合的旅游形态。因此，都市旅游的发展最终是要实现"城市即景区、景区即城市"的高级形态，推动生态宜居城市建设，实现城市规划与旅游功能定位的全面有机融合。当前，西方世界城市越来越重视文化创意产业对经济发展的助推作用，注重文旅融合，充分利用旅游的文化属性，促进旧城文化创意产业发展和都市旅游业发展的融合创新，不断提升老城区经济的发展活力。

一、着力构建"五位一体"的旅游与城市融合发展体系

当前，旅游城市之间的竞争不再局限于旅游资源的竞争，而是更注重城市整体

旅游实力和综合旅游服务系统的竞争。北京要实现建设世界一流旅游城市的目标，亟须推进北京旅游城市发展及旅游综合服务体系建设，必须将旅游业融入城市规划建设，着力构建"五位一体"的旅游与城市融合发展体系，以旅游推进城市产业发展，实现城市与旅游、当地特色与国际化、居民与旅游者、外来市场与本地市场的共生共荣。

1. 旅游公共服务系统的多元化与一体化

旅游服务是保证旅游者顺利开展旅游活动的重要保障，对游客的旅游体验和旅游地的经济效益有直接影响。从旅游服务供给来看，旅游服务既包括由企业所提供的营利性服务，也包括由政府和社会组织为游客提供旅游公共信息、旅游安全保障等旅游公共服务。伴随着大众旅游时代、散客旅游时代和国际旅游时代的到来，京津冀旅游公共服务应该以游客需求为导向，完善公共服务设施，以三省市深厚的历史文化基础为纽带，形成三省市旅游公共服务一体化格局，使京津冀在为游客提供旅游公共服务上是一个有机的整体。

建设世界一流旅游城市的过程，是城市公共服务与旅游业协同发展的过程。未来北京旅游业的发展将以城市为依托，以城市为核心资源，基于"城市即景区，景区即城市"的发展理念，对城市系统进行统筹建设，以旅游者需求为导向统筹公共服务资源。一是旅游发展与城市规划、城市交通、商贸街区、旧城改造、新城建设、科教文卫等诸多方面融合发展，推动整个城市的旅游化发展；二是更加重视旅游软环境的建设，注重旅游公共服务和谐环境的建设，通过加强环保、安全、诚信责任培训及政策扶持、服务补偿等措施实现；三是加强旅游公共交通体系建设，涉及区域之间、城市之间的大交通以及交通体系之间的便利性、连通性建设；四是利用信息化技术建设北京旅游虚拟体验平台，实现旅游资源数字化、旅游产品数字化，以及旅游公共服务系统的网络化，包括旅游导览系统、网上投诉系统、救援系统、评价系统、服务保障管理系统等；五是由政府、旅游组织、保险公司和旅游者多方承担，针对具有一定危险性的旅游项目如探险游、拓展游等实施旅行项目备案、旅游意外险等，完善旅游安全预警及应急救援体系。

2. 旅游产业系统的国际化与融合化

一是积极开展国际合作，提升北京旅游业的国际化发展水平。通过市场互育机制，鼓励旅游龙头企业、知名旅游品牌进行跨国经营、连锁经营与品牌输出，同时通过政策鼓励积极吸引国际酒店企业、旅行社、邮轮公司等在京设立跨国公司总部，在北京创立旅游高新企业。二是拓展全域旅游发展的广度与深度。要以大旅游观念为引导，积极进行产业融合，包括资源融合、技术融合、功能融合、市场融合等，积极创新管理体制，激发企业活力，优化市场秩序，构建一批旅游品牌企业，如文化创意旅游、会展旅游、乡村旅游、旅游装备、在线旅游服务企业等。三是遴选一批北京旗舰或龙头旅游企业进行重点扶持与集团化培育。在北京旅游综合排名前50的企业中，选择一批市场前景好、社会信誉良好的旅游企业进行政策扶持，努力将其培育成为跨区域的国内大型旅游集团及跨国旅游集团。支持具备一定条件的旅游企业上市经营，鼓励已上市的旅游企业通过再融资方式进行并购重组。四是加大投融资力度，开发代表性旅游项目。综合利用项目、企业平台及资本优势，推动符合北京城市发展规划和旅游总体定位的示范性旅游项目建设。五是积极推进智慧旅游发展。充分利用智慧旅游基于新一代信息技术满足游客个性化需求、提供优质满意度高的旅游服务的优势，通过资源共享和创新管理方式，积极推进北京智慧景区、智慧旅行社、智慧酒店的建设，借助最新的信息技术，为游客提供一系列智慧旅游服务，拓展信息化服务领域，包括电子门票、移动自助导游服务、景区流量控制、应急处理智能化措施等，为游客提供即时旅游信息的同时增强旅游体验。

3. 旅游产品系统的文化创意化与特色化

旅游与文化相互渗透实现旅游和城市融合发展。一是充分挖掘北京的文化旅游资源如标志性文化建筑、文化创意产业集聚区、商业文化街区、文化创意公园等，形成特色京味文化创意旅游产品；二是将诸如老北京胡同游的老北京文化体验与社区居民生活现实紧密结合，形成不受北京城区区划限制、旅游和居民生活融为一体的民俗旅游片区；三是充分利用京味文化特色，积极打造融合京剧、相声、中医养生、酒吧街等休闲娱乐资源的过夜旅游优质产品；四是积极推进广受散客欢迎的自驾车游、背包游等旅游产品，推动北京郊区及津冀地区的自驾车、房车营地建设，推出自驾车旅游线路；五是推动旅游业和其他产业的融合发展，培育旅游新业态和新产品，打造具有国际水准的特色文化创意产业园区，形成城市旅游休闲文化新景观，如特色街道、动漫乐园、特色博物馆、音乐节、影视基地等。

4. 旅游中介系统的品牌化与信息化

一是以北京牵头成立世界旅游城市联合会为契机，着力构建国内外旅游城市联盟体系，强化北京与国内旅游城市的联盟合作，促进跨区域间旅游产业的互动，搭建旅游城市资源与形象展示、合作与交流的平台；二是实施旅游国际市场营销战略，开发形成客源国的国际营销网络，全方位打造北京国际高端旅游目的地的形象，充分利用国外分支机构如驻外使领馆、海外中国文化中心、孔子学院、国家旅游局海外办事处等，加强北京城市旅游形象宣传与推广；三是强化北京文化旅游品牌建设，深入挖掘开发新的北京旅游休闲文化品牌如奥运公园、798、什刹海、三里屯、欢乐谷、北京礼物等，形成优质的能代表北京文化形象的旅游要素品牌并重点进行品牌推广，将要素品牌推广与北京整体旅游形象宣传相统一；四是多申请或主办具有国际重大影响力的节事活动，提高北京的国际知名度，包括成立北京会展旅游推广中心，完善会议会展基础设施，在国际上宣传北京的会展品质环境，主动去争取主办国际重大节事活动的机会；五是充分利用城市营销新媒体进行北京旅游形象推广，将北京旅游形象的传播融入旅游者的日常生活中，通过微信微博等公众信息传播平台介绍北京旅游相关信息，并开展口碑营销。

5. 旅游支持保障系统的社会化与生态化

一是改善北京的自然环境和社会环境。北京应与津冀联合进行区域环境治理，做到信息公开、数据共享、实时监控，同时积极探索建立与当地社区联合共管的社会管理机制，提高社区主人翁意识，让当地居民参与旅游收益分配，旅游开发过程中充分听取社区居民的建议。二是强化北京旅游委的综合管理职能，包括资源统筹、发展协调、服务监管等职能，加强其在政策法规体系、旅游经济发展规划、政府协调机制、应急机制构建、营销体系开发、市场环境规范、公共服务保障、人才队伍建设等方面的职能。三是加强市场监管，规范北京旅游市场环境。严格执行旅游执法机制，在旅游管理部门的统筹下，旅游、商务、交通等部门加强对风景名胜区、住宿设施、旅游客运市场的监管，加强旅游合同管理，试行电子合同，坚决制止不依法签订合同及各类违约行为。四是制定入境旅游发展政策，通过各种办法推进入境旅游便利化，如在出入境口岸设立旅游团队快速通道、重大会议参与人员快捷通道，实行免税退税政策，如国内外游客购买进口特定商品定额退税政策，适度开放免税退税试点。五是面向世界一流旅游城市建设需求培养旅游人才。北京应充分利用自身的优势条件，不断吸引和培育优秀旅游人才，如商务旅游高级人才，鼓励在京院校积极开设国际旅游课程如"旅游城市管理""旅游国际市场营销""国内外旅游城市比较"等，有条件的院校可以开设旅游城市管理相关专业，培养高层次、专业化的城市管理人才。

二、提高旅游服务供应链的服务标准和供给质量，培养特色品牌

1. 明确旅游集散功能定位，建立一体化的旅游中转服务机制

（1）打造旅游客流组织与集散中心。

北京要明确自身旅游集散的角色定位，打造旅游客流的组织与集散中心，增强

对客流的组织能力。北京应在明确角色定位的基础上，基于京津冀旅游合作协调各交通枢纽与国际旅游企业的关系，构建客流组织与集散功能发挥机制，增强国际国内旅游影响力与控制力。目前在旅游集散体系建设方面，北京市已初步形成三级旅游集散体系，由旅游集散中心、旅游集散站、停靠站点组成辐射网点。北京旅游集散中心目前推出了覆盖全市并辐射周边地区的多条旅游线路，包括北京一日游、多日游、市内观光游、京郊休闲游、世界文化遗产游、周边省市游、定制游等主题和特色各不相同的旅游线路产品，满足了大众个性化需求，为来京游客和北京市内游客提供了高质量的旅游服务。

交通一体化衔接仍需加强。北京虽然交通基础设施总量大，但各种交通方式之间的衔接不足，在使用效率上也需提高。北京的国际空运能力潜力较大，但需要相关部门间的服务协调。中转服务的一体化程度有待于进一步提升，首都机场与火车站、客运站之间的距离较长，相互之间的衔接不够、服务协调性不足，不能很好地满足不同消费层次游客的换乘需求，同时首都机场的入境转机手续较烦琐，影响了游客的集散。北京国际海运能力不足，需要加强与天津港口的合作实现空港联运，增强国际游客运力。另外，北京的交通拥堵及大气污染问题对入境游客满意度有很大影响，亟须通过区域合作、政府与企业共同努力、充分借鉴其他城市的发展经验来改变这种状况。无论是迪拜、中国香港还是纽约都致力于协调各种交通方式，构建海陆空联运的立体交通网络，满足游客对交通方式一体化无缝衔接的需求。香港成为"亚洲旅游枢纽"与其海陆空联运的立体交通网络关系很大，游客从机场到达香港市内可选择多种交通方式，换乘方便，同时与中国内地之间多式联运，使香港对周边地区游客具有很强的集散能力与控制力。香港与周边地区联手推出"一程多站式"旅游，不仅推动了香港国际旅游枢纽建设，还促进了周边旅游业的发展，值得京津冀三省市学习。迪拜成为全球最大的中转地和国际旅游枢纽，与迪拜政府实施的"天空开放"政策有关，吸引了更多航空公司的停泊。阿联酋基地航空公司通过与酒店、出租车及旅游景区的协调合作，对景区、商业、酒店、车辆进行整合，提供物美价廉的旅游套餐、便捷舒适的优质服务，吸引了大量的国际游客前来中转，从而促进了迪拜旅游业的快速发展。

建立一体化的旅游中转服务机制。第一，游客享受免签的区域要从北京拓展到京津冀区域，树立京津冀国际旅游大枢纽的观念，完善游客在北京中转及京津冀无障碍旅游的政策；第二，加强机场与旅游要素企业的合作，包括航空公司、酒店、旅游景区、旅游集散中心及相关商业公司等，培育基地航空公司，提供一体化机场中转服务；第三，大力推动京津冀短程旅游便捷化，实现京津冀共享中转游客客源市场，充分利用津冀旅游资源优势，把中转游客从北京顺利疏散到天津与河北，逐步形成高效的京津冀枢纽—目的地分工体系，将旅游企业作为国际旅游枢纽建设中重要的桥梁，充分发挥旅游企业的跨区域合作能力，以旅游线路为纽带，联合培育京津冀区域旅游整体品牌。

2017 年北京东西城区的旅游区共接待游客约 1.3 亿人次，占全市接待游客量的45.6%，2018 年国庆黄金周期间北京市属公园首次因"客满"限流，城市核心区景区接待人数超百万。大众旅游业态堆积，过大的游客流量给北京城市核心区带来严重拥堵，致使核心区旅游目的地接待功能超载，这主要是因为北京以往过多强调旅游目的地接待功能，忽视了旅游客源组织与集散中心旅游枢纽功能的有效发挥。降低首都核心区的旅游密度势在必行，应以建立分工机制实现有效疏解。北京应加强与津冀的协同合作，形成旅游枢纽—目的地合作分工机制，有效避免旅游超负荷、与津冀同质竞争的现象。北京应强化旅游枢纽及组织集散功能，津冀应提高服务质量，大力提升旅游目的地接待功能。北京城市核心区应立足皇家文化、面向国际市场重点打造高端国际旅游目的地，发挥高端旅游与入境旅游枢纽功能，把大众旅游接待功能疏解到非核心区、郊区和津冀地区；郊区重点发挥会展与市民休闲功能，疏解游客集散中心，如将前门的北京旅游集散中心外迁到高铁火车站或机场附近，让游客在核心区外就得到疏解；非核心区重点建设旅游枢纽功能，统筹协作旅行社、旅游投资与管理公司提高交通运力，采取多式联运，合理布局旅游集散中心，形成强大游客集散体系，既向津冀输送客源又利用其资源获利，注重客源组织与聚散、资本与管理输出功能的发挥。

（2）提升旅游公共服务水平。

旅游是城市功能的重要组成部分，而旅游公共服务是城市旅游功能得以有效发挥的基础和保障，无论是建设以北京为核心的世界级城市群还是实现京津冀旅游一体化，都离不开旅游公共服务体系的完善。近年来，北京市旅游公共服务发展的体制机制持续改进，政策环境不断优化，但与世界级旅游城市相比，与游客日益增长的旅游需求相比，北京市旅游公共服务仍存在供给不充分、分布不均衡、运营效率不高、科技支撑不足等问题。游客对旅游公共服务的便利性、及时性、移动性等要求不断增强，传统的旅游公共服务难以满足现实需求，特别是在旅游旺季和热点景区景点，出行难、停车难、如厕难等问题长期存在。北京需要不断创新供给方式增加有效供给，优化空间布局，强化科技支撑，提高旅游公共服务效能和水平，提升游客的满意度和获得感。与排名前十位的旅游强国如西班牙、法国、德国、日本、英国等相比，我国的旅游公共服务在完善度和便捷性等方面还存在着显著差距，旅游公共服务目前已成为影响中国建设世界旅游强国、北京建设世界旅游城市的重要因素。要以旅游公共服务体系建设为契机，提升北京旅游的国际市场竞争力，助推北京建设世界级旅游城市、中国建设旅游强国。

北京应在《北京城市总体规划（2016 年-2035 年）》的指导下，以疏解非首都功能、建设城市副中心文化旅游功能区、举办冬奥会为契机，以全域旅游建设为抓手，加强北京与周边区域的协同发展，积极促成京津冀旅游公共服务结构，控制和降低北京核心区的旅游密度，落实乡村振兴战略，加大京郊乡村旅游公共服务的供给，加大北京周边生态涵养区旅游公共服务的供给。京津冀旅游公共服务协同化发展的核心在于北京，要立足北京，以服务全程全域的思想为导向，利用核心区外的疏解腾退土地建设辐射整个京津冀区域的旅游集散中心、咨询中心。① 北京应基于《京津冀协同发展规划纲要》和《京津冀旅游协同发展行动计划（2016-2018 年）》，联合河北、天津推动京津冀区域内旅游交通体系建设，构建基于京津冀跨区域旅游供应链的旅游产业集群，以此推动京津冀旅游公共服务空间布局的优化。具体内容包括：一是构建京津冀三省市间的旅游大交通体系，由高铁、旅游专列、市内公交形成立体化交通网络，打造"一小时经济圈"和"半小时通勤圈"；二是构建区域内旅游小交通体系，实现景区之间交通的无缝衔接，包括旅游直通车、旅游观光巴士等，解决旅游景区"最后一公里"交通问题。

此外，北京应以建设智慧型政府为导向，强化科技支撑，实现旅游公共服务的智慧化、泛在化。将信息技术应用到旅游公共信息服务的各个环节，搭建智慧管理平台，进行旅游需求采集、旅游服务交互、旅游体验效果反馈等，使旅游服务供应链的供给方和需求方实现双向互动，让旅游者借助于旅游公共服务智慧管理平台获得基于全供应链的、全方位的无障碍旅游体验。同时，要建立跨区域、跨部门的数据交换系统及信息发布系统，借助智慧管理平台实现旅游公共服务数据资源共享、信息整合，有效提高旅游公共服务信息的应用效率。

2. 参与打造京津冀区域特色品牌

（1）参与构建京津冀旅游品牌体系，加大品牌营销。

第一，整合区域旅游品牌，构建京津冀旅游品牌体系。北京应强化、整合旅游资源的优势和特色，形成由区域品牌、景区品牌、旅行社品牌、酒店品牌、节庆品牌、购物品牌、餐饮品牌、演艺品牌、服务品牌等组成的京津冀旅游品牌体系，推出系列精品旅游线路；以区域内的自然旅游资源为背景，以历史文化为线索，以商务旅游休闲产品为主体，建设若干个主题不同、功能互补的旅游圈；推出·系列精品旅游线路和景区，重点策划都市观光、商务休闲、主题度假、文化旅游、森林旅

---

① 赵雅萍. 京津冀协同发展背景下北京市旅游公共服务发展困境与提升［N］. 中国旅游报，2019-05-07.

游、绿道旅游、美食旅游、会展旅游、主题公园旅游等品牌旅游线路。第二，对外联合推介。针对主要入境客源国和地区加强京津冀旅游形象和产品的宣传推介，在重点国家和地区联合津冀设立旅游代表处。第三，对内互为客源互为市场。北京应同天津、河北互设旅行社或分支机构，互设旅游接待与集散中心；互设旅游企业连锁店、专卖店；定期互办旅游推介会等，实现旅游客源地和目的地的互动。第四，创新营销模式。北京应联合天津、河北推行"省+市+企业"的联合营销模式，调动政府、企业和社会各界的力量，对京津冀旅游整体形象进行统一宣传促销。

（2）建立旅游餐饮和住宿服务标准，培育酒店和饭店特色品牌。

北京的星级酒店水平在国内相对领先，但与国际旅游城市的酒店服务水平相比仍有一定的差距。北京酒店业目前缺乏统一的行业标准，需要提高服务标准化水平；结构不合理导致不能满足游客不同档次的住宿要求，需要建设具有北京特色和国际声誉的品牌酒店。

随着各种国际高端酒店品牌的入驻，北京酒店整体的发展水平较高且高端市场前景广阔。然而，旅游业的发展越来越大众化，北京酒店业的发展必须关注人口众多的工薪阶层市场，必须适时开发不同等级的星级酒店，提供不同层次的服务，以满足人们对不同层次酒店的需求。更进一步地，北京酒店业需要完善行业建设标准，完善服务标准；建立健全管理规范，加强统一管理；实施"绿色生态酒店"的标准和服务。此外，北京星级酒店还必须创新经营理念，培育北京当地酒店品牌，通过跨区域兼并、转让、联合等方式，形成具有独特经营理念的酒店集团，打造具有北京特色和国际声誉的综合酒店品牌，实现酒店的专业化和集团化运作。

（3）改善并创新旅游服务供给，推进旅游供给侧改革。

完善的基础设施建设是旅游目的地建设的基础，北京应进一步加强景区基础设施建设和旅游公共服务体系建设。建设覆盖北京各个角落、全空间的城市旅游公共服务体系，这种服务体系必须是便利的、无障碍的，满足游客和居民的使用需求，包括游客中心、多语言图形识别系统、游客满意度管理中心、信息服务系统和应急处理系统等。除此之外，北京还需进一步完善并发挥区域旅游交通网络的旅游配送中心功能，从航空、铁路、公路三个方面进行规划，增加服务的辐射面，实现跨区域的整体覆盖。

改善旅游产品及服务供给，推动旅游产业转型升级。推进旅游供给侧结构性改革，深入挖掘京郊旅游资源，改善休闲产品供给结构，在北京市新建不少于200公里的旅游休闲步道，编制完成长城旅游带、东奥旅游带等多个产业规划。在全市24个重点传统村落开展一本开发建议书、一本地图折页、一个移动式咨询站、一个生态厕所、一个免费 Wi-Fi 站的"五个一"工程。① 以全国自驾车房车营地建设推进会为契机，积极推进京津冀自驾车房车营地建设。结合中华人民共和国成立 70 周年，开展京津冀三省市红色旅游主题活动，积极创建红色旅游创新发展基地和红色旅游研学基地。

以供给侧结构性改革为指引，创新旅游服务供给方式。构建多元参与、共建共享的旅游供应链管理机制，提高供应链管理效率，满足游客多样化、个性化、特色化和精致化的旅游需求，解决旅游服务供需矛盾。以满足人民对美好生活的需求为目标，提供有效供给，重视游客在旅游服务供应链中的角色和作用，完善旅游者参与旅游公共服务建设的平台和渠道，以游客需求为导向，构建以游客为中心的旅游供应链，搭建供需双方双向互动供给机制，提高旅游供给决策效率，为旅游者提供个性化、精准化的服务，保证服务的多样化、便捷化、流畅化，避免出现旅游供需错位。另外，要把相应的服务权限放权给市场，改革"一刀切"的旅游服务供给模式，充分发挥"互联网+"、新媒体营销的优势，积极利用旅游官方网站及微博、"北京旅游"微信公众号、客户端 APP 等，多渠道收集市场上旅游者的声音，促进游客从被动参与到主动参与的角色转变。

3. 发展板块旅游，优化城乡旅游主题空间，改善北京旅游产品供给

具体来说，北京应紧密结合板块旅游产品的供给体系，按照三类重点板块，即来京游板块、京郊游板块以及产业整合发展板块来发展板块旅游，改善北京旅游产品供给。

发展来京游板块，应以服务国内外游客来北京旅游为重点。主要通过加强对传统优势的创意和创新，完善具有国际化标准的旅游公共服务体系建设，形成九大特色主题板块。它们分别是：①北京古都文化旅游板块；②CBD—三里屯商务休闲旅游板块；③环球影城休闲旅游板块；④冬奥会体育休闲旅游板块；⑤奥运体育休闲旅游板块；⑥长城文化与休闲体验旅游板块；⑦三山五园皇宫文化旅游板块；⑧798 艺术区创意休闲板块；⑨卢沟桥—宛平城抗战文化旅游板块。

发展京郊游重点板块，应以服务北京市民京郊休闲度假游为重点。在发展过程中强调休闲娱乐环境和项目的质量，创新乡村旅游新业务模式和新空间，加强自驾游服务体系建设，完善旅游休闲步道等游憩设施建设，主要形成 12 个重点京郊游板块。具体包括：①皇家温泉度假板块；②古北口—雾灵山度假休闲板块；③房山世界地质公园旅游板块；④霞底卜—白花山生态文化休闲板块；⑤京西古道文化与户外休闲板块；⑥世界园博休闲板块；⑦金海湖休闲度假旅游板块；⑧雁栖湖会议休

① 陈雪柠.北京 24 个传统村落完成旅游设施改造［N］.北京日报，2017-03-23.

闲旅游板块；⑨"北京源"文化休闲旅游板块；⑩燕山满韵山水休闲旅游板块；⑪通州运河文化休闲旅游板块；⑫大兴庞各庄农业休闲旅游板块。

发展产业整合发展重点板块旅游，北京旅游应与相关产业、相关功能深入整合发展，深挖旅游价值，突出旅游设施建设及相关服务配套，建成产业集成整合发展的五个重点旅游板块。具体包括：①科教文化旅游体验板块；②新航城会展旅游休闲板块；③顺义临港商务会展板块；④首钢文化创意游板块；⑤鲜花港观光休闲板块。强化产业融合，拓展产业边界。

4. 挖掘内在潜力，培育旅游消费热点

北京市应着力引导现有旅游产品的供给单位，尽最大努力提升旅游产品的体验性，改善当前旅游产品及商品市场结构性过剩与结构性短缺并存的状况，并通过增加旅游供给以促进来京游客的体验性旅游消费。开发新的体验类旅游产品如北京环球影城，设法延长来京游客在北京旅游停留的时间，增加其在京消费。要增强旅游业对北京市经济的促进拉动作用，提升城市整体旅游形象，需要对休闲类旅游资源进行多样化开发，北京可依据对居民旅游需求和收入匹配度的调研，来适时引导和提升旅游消费。通过研究发达国家如美国的消费结构升级的过程，发现美国的居民消费结构升级表现出服务性消费增速明显高于商品性消费增速的特点，居民从关注衣食住行基本的生活保障类消费向康养娱乐类消费转变。北京目前处于以衣食住行消费为主，康养娱乐类消费逐渐增多的阶段。目前"80后""90后"已成为重要的消费力量，他们更注重个性化消费；同时人口老龄化将越来越突出，一定程度上引导旅游消费向注重医疗保健方向发展。北京应积极围绕文化类、美食类、购物类旅游资源研发旅游新产品，促进义旅融合发展，如推出多家文博类旅游资源单位，开发更多的文博类旅游示范精品，充分利用文化馆藏、名人故居、驻场演出等文化促进旅游与文化相融合。

需求的变化是影响旅游产业融合的重要元素，需求的多元化是促进旅游产业融合的本质原因之一。北京应根据旅游消费者的需求开发文化、科技相结合的多元化旅游产品，而不仅仅关注自然景观和人文景观，充分发挥旅游业和相关产业的融合作用；积极促进和发展符合"四个中心"定位的高端旅游如入境旅游，借助京津冀一体化和北京大兴机场开始运营的契机，加强对144小时过境免签政策的宣传引导，加强京津冀三省市的合作，提升北京入境旅游的增长潜力，从而实现整个京津冀区域入境旅游的整体发展。

要提升区域旅游的整体竞争力，必须对京津冀地区的旅游资源进行整合，形成鲜明的区域旅游主题特色，打造统一的京津冀区域旅游整体形象。要实现这一目标，

北京应积极开发跨区域的具有发展潜力的特色旅游项目，带头整合京津冀地区自然风光接近、历史文化相融、名胜古迹特点相似的地区，如整合京津冀三省市跨区域的皇家园林游、经典长城游、滨海休闲游、红色文化游、绿色生态游等旅游产品，基于旅游服务供应链形成系列化的旅游产品，打造区域联合营销旅游品牌，同时加快太行山国家地质公园项目、京东休闲旅游示范区的建设及环渤海海滨旅游线路的开发等。基于京津冀旅游市场需求及发展趋势，在分析京津冀三省市旅游资源品质的基础上，北京应带头构建京津冀旅游产业新体系，打造旅游产业新业态，包括古迹探访、养生度假、会展商贸、红色教育、研学旅行、休闲农业体验等，通过设计跨越京津冀三省市的主题鲜明的精品旅游线路，建立京津冀三方协调互动合作和优势互补机制，推动三省市旅游一体化的实质性发展。

此外，北京还应加快旅游产业转型升级，积极推动旅游产业发展环境持续改善。一是大力提升文化景观、旅游景点品质，除了积极打造老城区的历史文化景观、南中轴文化探寻路线，还需积极开发并宣传推广北京的运河文化，把通州大运河建成国家5A级景区，打通北运河通州段全线与潮白河、通惠河部分河段的旅游通航工作，积极推进大运河沿线节点开发和特色产业发展，围绕运河文化的推广重点打造运河"黄金旅游"。二是完善不同层级的旅游商品体系，包括市、区、景区三级，如积极打造北京市级别的以"北京礼物"为代表的系列旅游消费产品，并进一步挖掘老字号商品的传统文化内涵，提升其消费价值。三是大力发展京郊旅游，积极响应乡村振兴战略，带动当地村民建成特色民俗村和历史文化古村落，积极发展乡村精品民宿，从整体上提升乡村旅游的产业发展环境。四是增强产业平台影响力，积极举办艺术北京博览会、世界园艺博览会等活动。五是持续完善产业发展环境，包括完善入境游、会奖游、过境免签、离境退税等相关政策，以及信贷、保险、金融服务、进口免税等政策。

三、积极发挥北京旅游的溢出及扩散效应，强化区域内供应链整合

1. 北京旅游对天津、河北的溢出效应分析

本书通过收集有关数据，利用格兰杰因果关系检验、向量自回归（VAR）模型、脉冲响应函数、方差分解等方法分析北京市旅游业发展对天津和河北经济发展的影响，以期为丰富北京旅游对周边地区经济发展影响的相关研究，全面认识北京旅游发展的辐射及扩散作用，提升北京旅游发展对周边地区的溢出效应提供参考。

（1）数据来源与研究方法。

2009~2019年北京的旅游总收入（按各年汇率兑换后的入境旅游收入与国内旅

游收入的总和）及天津、河北的地区生产总值是本书的主要数据，其中旅游收入数据来源于北京历年的旅游统计年鉴，天津、河北地区的生产总值数据来源于历年的地方统计年鉴或统计公报。

本书主要借助 Eviews8.0，利用 VAR 模型、格兰杰因果检验、脉冲响应函数、方差分解等方法进行分析。VAR 模型是世界著名的计量经济学家 Sims 在 1980 年推广应用于经济领域的方法，验证的是多个变量之间的动态互动关系。VAR 方法通过把系统中每一个内生变量作为系统中所有内生变量的滞后值的函数来构造模型，从而回避了结构化模型的需要。该模型的数学形式是：

$$y_t = A_1 \, y_{t-1} + \cdots + A_p \, y_{t-p} + B_1 \, x_{t-1} + \cdots + B_p \, X_{t-p} + \varepsilon_t$$

其中，y_t 是一个 k 维的内生变量，x_t 是一个 d 维的外生变量。A_1，$\cdots$，A_p 和 B_1，$\cdots$，B_p 是待估计的系数矩阵，t 是扰动向量。

建立 VAR 模型首先要保证模型系统的平稳性，计算特征根多项式的值，如果特征根倒数的模等于 1，表示该 VAR 模型不平稳，特征根倒数的模小于 1，则表示该模型平稳。其次要选择 VAR 模型的滞后期，不同的滞后期会导致模型的估计结果显著不同，常用的滞后期选择依据有两种，一是按照特定经济理论的要求设定合适的滞后期；二是按照 AIC、SC 值最小准则或是 LR 准则来确定滞后期。为了全面分析变量间的影响关系，本书建立多个滞后期的 VAR 模型，观察伴随着滞后期的增加，变量之间的动态关系变化。VAR 的模型的系数有多个，一个 M 个变量的 P 滞后期的 VAR 模型，系数多达 M×P 个，系数过多不便于分析变量之间的动态互动关系，因此要借助格兰杰因果分析、IRF 脉冲响应函数、累计脉冲响应函数、方差分析等分析工具。

（2）旅游对经济溢出效应 VAR 模型的建立。

本书收集 2009~2019 年北京的旅游总收入与津冀地区的生产总值数据，并对数据进行对数化处理，在此基础上，将北京的旅游收入与天津、河北地区的生产总值两两组合建立 VAR 模型。为了避免伪回归问题，以及保证模型结构具有可比性，笔者对建立的 VAR 模型进行系统稳定性测试，剔除不稳定的模型。依据本书所提供的数据时限，Eviews 软件给出能建立的最大滞后期，然后观察随着时滞期的延续，模型结构变化给两两变量之间动态关系所带来的影响。

由于 VAR 模型系统中的系数非常多，且每个系数反映的只是一个局部的动态关系，而我们需要观察的是全面的动态关系。因此，本书采用基于 VAR 模型进行变量之间的格兰杰因果关系检验方法，以显著水平 10% 为标准，检验 VAR 模型中变量之间是否具有动态关系，即一个变量是否会在一定的滞后期上影响另一个变量的变化。脉冲响应函数选用 Cholesky - dof Adjusted 冲击方法，选择由 Cholesky 正交分解后的一个标准差冲击，并且经过自由度调整的冲击过程。

总的来说，本书通过收集 2009~2019 年北京的旅游总收入与天津、河北的地区生产总值，建立不同时滞的 VAR 模型，并利用格兰杰因果关系检验法，检验北京旅游发展对津冀经济发展有无影响；在此基础上，建立脉冲响应函数，进一步观察北京市旅游发展对津冀地区经济发展的溢出效应，综合累计脉冲响应函数与方差分解贡献度测评北京旅游对天津、河北经济发展溢出效应的强弱，具体结果如表 7-1 所示。

表 7-1　北京旅游发展对天津、河北经济发展的 VAR 模型的检验结果

滞后期	因果关系（"因"—"果"）	检验值	累计脉冲响应	方差分解贡献度
3	北京旅游—天津旅游	0.9247	1.18	58%
6	北京旅游—河北旅游	0.9995	0.09	34%

通过分析发现，北京旅游发展对津冀经济的溢出效应皆为正向，其中对天津的累计脉冲冲击作用为 0.3~0.5，当滞后期（Lag）选择 3 时，给北京旅游一个标准差范围内的正向冲击，会在 1 期后给天津的经济增长带来一定的正向冲击，随着时间的推移，旅游对经济的正向冲击作用在第 5 期达到峰值，随后冲击逐渐减弱，趋于稳定，即北京旅游发展带给天津经济发展的冲击作用具有较长的正向溢出效应；对河北地区的方差分解度较弱，低于 60%，说明北京旅游发展对其经济的冲击作用较小，并且存在一定的反向冲击损耗，溢出虽为正向，但溢出效应较小、不稳定、持续时间较短。北京和其他地区的旅游及经济贸易联系越紧密，投资价值越高，北京旅游对其他地区经济发展的溢出效应就越强，溢出效应出现的时间越早。同时，旅游对经济发展的冲击作用随时间的推移而减弱，一般会在加入滞后变量结束后的一段时期结束。

通过进一步分析可得出结论，一个地区的旅游不仅是本地区经济发展的重要支撑，还会对其他地区的经济发展产生溢出效应。北京旅游发展对天津、河北地区的经济发展具有溢出效应，但溢出效应的显现往往需要一个较长的时间，历时越短，溢出效应越小；溢出的空间范围越小，反之，溢出效应越大，溢出的空间范围越大。这与旅游经济的溢出路径有关系，溢出效应的大小不仅受旅游和经济贸易联系的密切程度影响，还与旅游投资价值的高低有直接关系，更多的表现是本地区的经济通过双方经济贸易往来、对外投资等路径对其他省区的经济发展产生影响。①

①　马丽君，龙云．基于 VAR 模型的旅游对经济发展的溢出效应研究——以北京旅游业发展为例[J]．西部经济管理论坛，2018（9）：50-56．

2. 转变发展观念，积极发挥旅游溢出及扩散效应

北京作为核心旅游城市要转变发展的观念意识，必须明确：北京世界城市的建设应以京津冀城市群为依托，积极打造京津冀世界级旅游目的地。只有在这一点上达成共识，才能积极发挥北京旅游的扩散效应，避免回流效应的出现。扩散效应和回流效应分别是指一个地区经济增长对另一个地区经济增长产生有利影响和不利影响的效应，如果回流效应强于扩散效应则表现出一个地区的发展不平衡。积极发挥扩散效应，北京要重点发展都市旅游、商务旅游和会展旅游，这是北京发展的重点。北京旅游发展要紧密结合周围省份的资源和技术，可以将旅游产业链上的部分要素交予这些地区，如温泉旅游、游轮旅游、冰雪旅游、度假旅游等，只有北京和其他地区形成错位和空位的发展格局，区域旅游合作才能真正形成。除此之外，北京还应扶助旅游发展落后地区，积极开展京津冀三省市的区域旅游联合营销，与津冀构建区域营销联合体，加强跨区域的沟通协调，通过各种途径开展三省市旅游整体形象的宣传和引导，形成各旅游参与主体"大旅游""大资源"的理念，积极发展横跨三省市的"大旅游"，通过对三省市旅游资源的整合营销达到 1+1+1>3 的市场效应。

在京津冀协同发展条件下，生产资料和资本可以自由流动，完全可以实现三省市旅游业的融合发展，如北京可将旅游产业优势资源外溢到河北省，使河北省通过外溢，实现旅游产业结构的阶梯状发展。北京应牵头开发特色旅游线路，打破地域界限，做到京津冀三省市旅游资源共享；积极挖掘并开发跨区域的特色主题旅游线路，将单景点游变为多景点游、一日游拓展为多日游。这样做的结果将是：北京将富余的服务能力及接待能力合理利用起来，充分发挥对津冀地区的溢出效应；天津在发挥自身景区资源优势的基础上，将本市旅游业务向外扩展，提升旅游整体收益；河北借助于特色旅游线路，引入京津两地的游客资源，借助京津的旅游知名度、服务资源及接待能力发展本地旅游业。京津冀三省市的旅游产业可采取股份制合作形式，达到多利益相关主体的互惠互利，在发展各自旅游业的同时实现旅游一体化的实质性发展。

3. 强化区域内供应链整合，推动共生扩散

从旅游开发的角度来看，每个旅游圈的城市旅游资源和城市特色都有各自的特点，可以相互补充。通过跨区域旅游供应链的整合，旅游经济圈内各城市的旅游产品和旅游线路可以重组和设计形成相应的特色旅游经济圈，这将有助于圈内核心城市带动周边城市旅游业的发展，以促进圈内旅游经济的协调发展。目前京津冀地区

旅游业的集聚与整合正在增加，这种集聚效应使京津冀旅游产业集群内实现对产品的组合、联合发展，形成特色旅游产品系列，形成区域旅游合作体系，还起到拉动渤海经济圈经济发展的作用。旅游产业集群通过整合区域内的特定供应链，促进区域旅游产业实现沿供应链的升级，并进一步实现区域产业结构的调整。借鉴长三角和珠三角区域的经验，打破京津冀三地之间的行政壁垒，以京津冀区域为出发点，从"行政区经济"转向"经济区经济"而产生的协同效应，也必将有利于京津冀三地各自的发展。

为了促进京津冀旅游圈的发展，目前北京旅游应注重通过促进旅游要素企业集聚与整合积极参与京津冀旅游圈内供应链的整合，促进京津冀旅游协同发展。具体应做到以下两个方面：

第一，北京旅游应不断扩大旅游功能，积极推动产业融合和旅游新业态发展。旅游产业链不应局限于原有类型，应不断扩大发展与旅游产业相关领域的充分融合或整合，使业务结构不断完善。对于北京旅游发展而言，应重构旅游产业链及旅游产品及服务供应链，应围绕旅游需求使旅游业和其他产业不断融合创新，使得旅游企业不断解构和重组，与旅游相关产业实现价值链的融合，使每个价值链活动链接形成一个价值网络；同时，注重提高北京旅游的业态创新能力，不断形成旅游新业态。旅游业态的创新可以是旅游六要素创新形成的新业态，旅游与第三产业相互融合形成的新业态，旅游与第一产业和第二产业融合创新形成的新业态，也可以是旅游信息与旅游产业的融合等。

第二，北京旅游应通过参与旅游圈内供应链的整合逐步形成与津冀互为目的地和互为客源地的发展态势。京津冀区域内各城市之间的经济联系比较密切，京津冀旅游圈内每个城市都有自身的特色旅游资源，城市之间完全可以形成互为目的地、互为客源地的发展模式。为了实现与区域外客源市场的合作，吸引更多的圈外游客，城市之间有必要通过供应链整合拓展为更广阔的客源市场；具体整合形式可以通过建立"标准工作组—产业联盟—旅游产品中心"的形式实现组织创新，建立跨区域的大企业联合创新模式，形成以旅游供应链为纽带的跨行业横向整合，构建"区域中心城市—旅游小城镇—旅游景区"三级旅游中心地序列，形成京津冀区域旅游圈层结构。① 区域中心城市外围的县城、乡镇等旅游小城镇构成次级旅游中心地，具有承接中心城市外溢和支撑旅游景区运营的双重功能，提供旅游接待设施和配套服务，全面提升旅游服务功能和游客旅游体验。

① 程瑞芳. 环京津地区旅游交通与旅游目的地空间模式开发 [J]. 河北经贸大学学报, 2016 (1): 112-115.

四、牵头建立京津冀区域旅游供应链联盟，促进旅游企业间的合作

1. 带头打造京津冀无障碍旅游区

（1）基于旅游供应链整合构建跨区域无障碍旅游区。

要打造京津冀无障碍旅游区，北京应牵头组建跨区域的、高层次的、权威性的区域旅游协调机构，统筹管理京津冀区域旅游一体化合作，构建相配套的管理制度。京津冀三省市要打破体制障碍，理顺旅游相关部门之间的关系，破除各方面发展障碍如旅游信息障碍、交通障碍、管理障碍及服务障碍，充分利用京津冀144小时过境免签政策逐步构建主体多元化、区域联动式的整体协同发展机制。

促进三地旅游产业链及旅游服务供应链的整合。北京市的旅游业产业结构要明显优于河北省，在京津冀旅游产业融合中起着原动力和辐射带动作用。北京市旅游产业链培育也优于河北省，产业链条覆盖面广，涵盖整个旅游业，而且旅游供应链上下游企业分工合作明确，更重要的是，北京的旅游产业链及旅游服务供应链已经形成了网络状发展结构；天津市的旅游产业链发展也相对完善，形成了旅游聚集产业链，体现出较明显的旅游产业空间聚集特征；河北省的旅游产业链发展还存在缺陷，链条较短且不够连续，旅游产业链及供应链网络发展缓慢。京津冀旅游一体化发展，京津将助力河北省的旅游产业链及旅游服务供应链日益完善，使之逐渐缩小与京津的差距，最终建成河北省具有自身特色的旅游产业链及旅游服务供应链。

贯彻落实《京津冀协同发展规划纲要》，编制新的《京津冀旅游协同发展行动计划》，发挥旅游业在三地协同发展中的引领带动作用，要充分发挥跨区域无障碍旅游区的作用，开创京津冀旅游一体化发展新局面。以推动冬奥会筹办为抓手，加强与天津、河北在文化旅游方面的交流合作；开展旅游示范区建设工作，如平谷区与天津蓟县及河北三河市、遵化市、兴隆县共同打造京东休闲旅游示范区；建立京津冀区域旅游市场一体化监管机制；进一步完善京津冀旅游"一卡通"功能及其使用普及度；深化"9+10"区域旅游合作机制，发挥好区域旅游合作联盟在营销宣传、投融资、市场发展等方面的作用，拓展各旅游联盟城市跨地区之间的交流合作。

（2）牵头构建形成京津冀区域旅游供应链联盟。

区域旅游联盟或联合体的发展是区域旅游一体化发展的必然选择。由北京牵头成立京津冀区域旅游供应链联盟，促进京津冀三地旅游业的合作程度不断加强，由单纯的旅游资源合作升级为三地共创区域旅游整体品牌，使得三地的旅游合作市场不断做大做强。京津冀区域旅游供应链联盟的运作，可以充分整合三地的旅游资源和优势，很好地约束每个地区旅游企业的行为，加强区域间的共享机制，通过联盟

共同采购产品实现降低成本的目的，通过完善管理、品牌、质量，最终提升京津冀区域旅游整体核心竞争力。所构建的京津冀区域旅游供应链联盟的核心竞争力就是旅游服务质量，满意服务是质量的核心，也是游客关注的焦点，所以通过成立联盟相关管理机构实现对联盟的高效管理很有必要，通过各方面的统一管理，促成区域旅游供应链联盟的成功运作，最终实现京津冀区域旅游转向双赢、多赢的发展阶段。

京津冀区域旅游供应链联盟的成功运作离不开旅游企业的战略联盟式合作。由于旅游供应链的网络结构，如果旅游企业想要在激烈的旅游竞争中生存并实现可持续发展，就必须选择与供应链网络中的其他旅游企业或组织协同合作，建立旅游供应链战略联盟是最佳的发展方式。旅游供应链中的旅游节点企业和其他辅助企业及组织通过签署战略性合作协议组成战略联盟，战略联盟同时也是信任联合体和旅游企业网络联盟。战略联盟的合作既包括旅游供应链上节点企业之间的正式联盟合作，也包括非正式的合作伙伴关系。北京的旅游企业尤其是龙头旅游企业积极地参与跨区域的旅游供应链联盟，可以有效地避免三地旅游企业之间的同质化竞争及恶性竞争，有效地促进旅游供应链联盟内企业之间、企业和组织之间的分工与协调合作，有利于旅游一体化目标的实现。联盟的成功运作需要明确联盟内的企业分工，落实联盟的具体组织形式、运作机制和合作目标，完善联盟职能对旅游服务供应链联盟的成功运作至关重要。

（3）明确联盟内旅游企业间的合作方式、客源互送机制。

首先，需要明确由北京牵头成立的京津冀区域旅游供应链联盟内旅游企业的合作方式。可以通过三种方式实现合作：旅游企业间的纵向合作、横向合作及混合式合作。旅游企业之间的纵向合作可以是两个及以上景区之间的合作，景区与旅行社之间的合作，景区与酒店之间的合作，景区与支持旅游业发展的辅助性企业之间的合作等；旅游企业间通过横向合作实现旅游线路的开发是最实用的，也是最贴近游客的，合作景区或景点之间的差异性决定了不同的横向合作管理模式及利益分配机制；旅游企业间的混合合作是以虚拟旅游产业集群为基础，实现旅游企业间的联合营销与共生共赢。北京的旅游企业可以虚拟旅游产业集群为基础，推进同河北、天津旅游企业的集团化发展和网络化运营管理，形成大规模的市场网络化发展，实现企业间的互补性合作，促进共生共赢。

其次，在明确旅游企业间合作方式基础上，需要进一步建立客源互送市场机制，实现京津冀客源共享。一是北京强化作为旅游枢纽的客源组织功能，津冀地区强化旅游目的地接待及服务功能。北京应聚焦旅行社总部，特别是孵化一批龙头旅游企业如携程、马蜂窝、途牛等在线旅游公司，集中发展产业链上游的客源组织业务，成为客源调配中心，把产业链下游的游客接待功能疏解到津冀地区；同时天津及河北旅游应重视与北京实现差异化发展，津冀重点发展滨海旅游、冰雪旅游、红色旅游、乡村休闲旅游、生态旅游、健康养生旅游；北京除了客源组织应重点发展高端旅游及特色文化旅游，明确的分工合作在促进北京旅游产业升级的同时也为津冀输送客源。二是制定客源互送奖励政策及激励机制。可充分借鉴杭州经验，在京津冀三地以旅行社为主体形成区域客源批发中心，制定三地客源互送奖励政策，可按照输入方输送游客数量给予输出方奖励补贴或者提供门票采购优惠等政策。

2. 加强基于网络信息服务的旅游通道建设

要形成京津冀旅游圈，构建京津冀旅游合作的网络系统是必要的。通过网络系统可实现旅游产业要素的快速集中和自由流动，进而实现要素的合理配置和优化组合，推进旅游要素流动市场化和信息透明化，并在此基础上形成若干旅游供应链、价值链，进而形成旅游产业集群、旅游产业带，促进京津冀地区大旅游产业的发展。

北京不仅是环京津地区重要的旅游客源市场，更是国内外游客进入环京津地区的重要通道，北京首都机场和大兴国际机场强大的国内国际交通运载能力将有效助力环京津地区的旅游外部交通。从经济距离看，环京津地区的交通以二级以下公路和等外公路为主，旅游景区多分布在农村地区和山区，区域中心城市通达旅游景区的经济距离大于地理距离，尤其是河北省旅游交通发展缓慢，无法有效对接旅游外部交通，严重影响着外部交通效率和游客的旅游体验、旅游决策。目前以北京为中心的放射状交通分布格局，便于游客选择高铁或高速公路进入环京津地区中心城市，但却不能直接通达旅游景区景点，如何解决景区"最后一公里"的问题，影响着河北旅游资源的开发与目的地建设。环京津地区由于区域交通发展落后，难以将区域旅游节点中心城市、小城镇、旅游地村庄、旅游景区有效连接起来形成区域旅游中心地序列，影响了京津冀大旅游交通体系的建设。

旅游产业作为一种新兴的现代服务业，具有鲜明的信息依赖和信息先导特征。随着新一代移动通信技术和互联网技术在旅游产业中的扩散应用，旅游产业与信息技术产业逐渐走向深度融合，"互联网+旅游业"带来了旅游产业技术、产品服务和商业模式的变革。智慧旅游作为一种全新的旅游形态，促进了旅游资源的高度系统化整合和深度开发利用，实现了区域旅游的优势互补、共赢发展。随着物联网、云计算、移动互联网、人工智能等技术的应用，尤其是"互联网+"与"旅游+"的联姻，景区公众号、在线 OTA、网络购票、旅游 APP、旅游小程序、智能导航等技术一时间风起云涌，打破了传统资源整合的时空限制，提升了旅游资源收集与获取的效率，使自助游变得更加简单快捷、一场"说走就走的旅行"变得轻松自如，同时进一步创新了旅游信息流、资金流、知识流的运行方式，特别是为落后地区打破时空障碍、克服自身资源及发展劣势，通过智慧化经营实现跨越式发展提供了有利的机遇。

实现京津冀旅游一体化和联动发展的一个重要方面，就是加强旅游通道建设。根据 Neil Leiper（1979，1990）对旅游哑铃模型的表述，旅游通道是连接旅游客源地和旅游目的地的重要环节。旅游通道并不单纯是指旅游交通，还包含信息传递的媒介通道。京津冀三省市之间道路的通达程度，决定着散客自驾游能否顺利实现。除了要完善区域内、区域间的交通公共设施建设和公共服务体系外，加强京津冀跨区域的旅游信息沟通也是很重要的一个方面。随着移动互联网及旅游电子商务的蓬勃发展，游客借助移动终端规划出游行程、购买并分享出游体验，是未来的发展趋势，所以加强基于跨区域合作的旅游电子商务及智慧旅游的发展，提升网络信息的应用程度及信息数据的存储和处理能力，是繁荣京津冀旅游市场的重要措施。任何的市场推广都建立在对市场的深入分析与研究之上，而现实情况是，三省市缺乏对市场数据的深入挖掘，尤其是天津和河北旅游信息的存储机制尚不完善，与当前散客主导的旅游市场的发展不相适应。基于云计算的技术变革可为中小旅游企业提供服务并节省信息化成本，有助于中小旅游企业进行智慧旅游平台建设。

3. 注重加强龙头旅游企业的跨区域联盟合作

供应链的上游包括各类旅游供应商，如酒店、景点、航空公司等，销售和分销企业位于供应链下游，如线下旅行社、在线旅游代理商（OTA）。线下线上旅行社在上游和下游产业链中地位相对薄弱。近年来，随着北京旅游业的快速发展，北京的龙头旅游企业如线上线下旅行社在产业规模、服务质量、营业收入等方面都取得了快速发展，但也面临着很多问题，如旅游产品类型单一、与相关企业的发展不协调等，影响了旅行社经济溢出效应的发挥。为适应日益个性化的旅游需求和多元化的旅游供给要求，北京的线上线下龙头旅游企业必须加强区域合作，通过跨区域的旅游供应链管理整合各种旅游资源，即时响应游客需求。此过程的实现需要旅游企业跳出自身生存和发展的狭隘视角，关注整个供应链的运作，进行区域化的旅游服务供应，以供应链联盟的形式建立长期稳定的战略伙伴关系，如以旅行社为主体建立跨区域旅游集团，集旅行社、餐饮住宿、旅游景点于一体，合理有效地整合区域内各种资源，共同开发具有强烈吸引力的旅游产品和服务，同时加强京津冀三省市旅行社网络上的互联，促进城市间的在线互动推广，形成旅游企业融合发展格局。

旅游服务供应链联盟是利用现代 IT 技术打破原有的业务限制，通过资源共享、优化供应链资源的整体配置，扩大各参与旅游企业的功能。在此基础上，北京市旅行社应加快旅游电子商务和"互联网+"的建设，系统、及时地为游客提供旅游信息和个性化服务。另外，应该充分利用互联网强大的互动功能，建立游客与旅行社之间更密切的互动，充分利用大数据分析技术，及时把握游客的各种需求，为游客量身定制旅游方案。此外，有必要提高旅行社网站和 APP 的设计以方便游客搜索、更加快速地获取旅游信息。目前北京各旅行社的网上宣传推广模式相似，为了满足游客的个性化需求，需要创新旅游产品和服务，所以旅行社有必要充分利用旅游供应链网络和虚拟旅游产业集群的聚集效应，通过整合不同类型要素企业的资源组合，形成创新性旅游产品并及时响应游客需求，提升旅行社业的综合竞争力。

4. 统筹考虑北京城市副中心建设与京津冀区域协调发展

北京城市副中心的建设，能够疏导中心城区的旅游功能和集散功能，既为新兴的、相对独立的旅游目的地，也是交通网络完善、公共服务功能配套的旅游集散地，能作为京津冀的旅游枢纽次中心来发挥作用。从旅游目的地建设的基础条件看，通州具有京杭大运河这一宝贵的世界文化遗产资源，运河旅游完全可以与天津、河北整合为具有较高知名度的区域性旅游品牌产品。通州环球影城的兴建，将为通州旅游注入时尚、娱乐元素，繁荣北京旅游，成为京津冀区域旅游发展新的增长极。未来，通州不仅可以有效疏解北京主城区的旅游集散功能，而且还将成为直接联系京津冀的重要旅游交通枢纽，使河北、天津的众多游客来京或通州和北京主城区的市民去津冀都不再将北京核心城区作为必经之路，而是直接经由通州旅游集散中心这一更加便捷、快速的通道，这不但可以有效缓解北京主城区的游客流量压力，还可以显著节省游客的旅行时间、提升游客的旅游体验。

在国家战略层面，北京城市副中心建设既要服务于疏解北京主城区的非核心功能，也要立足于促进京津冀协调发展。加强北京城市副中心建设，既能有效促进北京旅游业转型升级，更是京津冀协同发展战略对旅游产业的发展要求。但从通州目前的发展状况看，核心旅游要素发展还相对滞后，旅游公共服务配套功能还需进一步完善，旅游客流的集散对北京主城区还存在较大依赖性，优秀旅游人才资源相对缺乏。因此，要把北京城市副中心建设成为新兴旅游目的地和旅游集散地的任务还比较艰巨。北京需要按照旅游产业转型升级发展要求，有序推进各类旅游产业要素的发展，加强旅游人力资源建设，根据北京城市副中心边建设、边运营、边发展的特点有效对接各项需求，并对其未来旅游市场的发展规模和特点进行科学预测，以尽快实现建设新兴旅游目的地和旅游集散地的双重目标。

五、发展"首都城市战略定位导向型"全域旅游

旅游产业作为综合性现代服务业，能够有效覆盖第一、第二、第三产业，已成

为我国经济发展的新动能。旅游业作为服务首都城市战略定位的功能性产业，意义重大。首都旅游资源化需要站在首都城市战略定位的高度逐步推进，需要充分认知首都旅游业的发展现状，尊重游客对旅游资源的需求，遵循旅游产业发展规律，充分挖掘旅游资源的潜力，通过试点逐步实现旅游资源的统筹和旅游产业的跨越式发展。首都旅游资源旅游化的推进需要与北京建设国际一流旅游城市、中国特色世界城市的目标有机融合，并构建与之配套、有效衔接的政策措施，实现旅游业与一二三产业的全域融合发展，使首都资源旅游化与提升首都旅游整体实力相互促进。

全域旅游关注于深度体验过程，是综合利用各种新资源，如环境旅游资源、生活旅游资源、产业旅游资源等，发展模式从单一到复合，整合各种不同的旅游方式，包括观光、休闲、度假等，最终形成新的旅游发展模式及体系。

北京旅游业近年来在产业融合方面取得了一定实效，与工业、农业、会展、商贸等关联产业广泛融合，形成了一批大型旅游企业集团，用较大的旅游项目带动旅游综合体建设，旅游产业聚集区取得了一定发展成效，努力在向发展"大产业""大旅游"的目标迈进。但在首都的社会资源中，代表性国家资源对公众开放有限，亟待实现旅游化，城市特色性资源中的休闲资源不具有局限性，但没有较好地进行整合并提供精品特色旅游服务，所以首都旅游资源尤其是社会资源如何进入旅游产业链条值得进一步研究。

1. 转变为旅游产业发展理念，发展旅游新业态

从本质上讲，全域旅游是一种新的理念、新的发展模式，是利用旅游业促进区域融合性增长的新力量。"首都城市战略定位导向型"全域旅游发展模式既体现了全域旅游对北京城市发展的综合贡献，也反映了北京城市发展对全域旅游的诉求。北京的所有工作都必须围绕"四个中心"的战略定位和"四个服务"的职责履行来开展。因此，北京全域旅游发展也应与"四个中心"的城市战略定位高度一致：全域旅游的发展是政治中心建设的重要体现，是国际交流中心建设的重要窗口，是文化中心建设的重要载体，同时也是技术创新的重要阵地。发展"首都城市战略定位导向"的全域旅游，从旅游供应链的角度来看，需要做好以下两个方面：

一是从全域旅游的角度出发，北京要改变以旅游要素企业为中心的传统旅游产业发展理念，建立将相关产业与旅游要素相整合的全域旅游产业理念，建设旅游综合产业，涵盖第一、第二和第三产业，促进北京旅游业从"小旅游"向"大旅游"的发展转变，用旅游业拉动其他产业的发展。北京除了要关注旅游供应链中的六大旅游要素企业，还有必要开发为旅游供应链间接提供旅游产品和服务的供应商企业。这些间接供应商企业虽然不直接与游客接触，但它们是旅游供应要素的重要来源，

包括交通运输、农副食品加工、游艺器材制造、金融、广告、建筑、互联网、房地产、教育等行业的各类供应商企业。这些辅助性、支持性行业的企业可以推动供应链上游产业的供给侧结构性改革，提高旅游供给质量，提供更好的旅游要素、旅游设备和旅游服务。

二是充分发挥"旅游+"的带动效应，发展旅游新业态。旅游新业态不断出现，北京作为首都，在发展过程中如何更好地适应国际、国内旅游需求至关重要。"互联网+"时代，如何充分利用"旅游+"的优势，助力北京旅游新业态的发展是未来需要思考的问题。充分发挥北京旅游业的拉动及融合作用，整合产业资源，形成新的旅游产业组织形式即旅游新业态，有利于提升旅游发展水平和综合价值。北京旅游业不应再受限于传统的观光旅游，应与相关产业要素相互融合形成不同的新行业，如游憩行业、旅游接待行业、旅游交通行业、商业、建筑行业、生产制造业、营销行业、金融业、旅游智业九个类别，构成一个分工协作、相互配套、相互支持的旅游产业链。北京旅游业可以与酒店业、交通业相融合，形成提供旅游综合服务的旅游企业集团；与房地产业相融合，形成旅游地产企业如休闲度假村、度假型住宅小区等，提供以旅游、休闲、养生为特点的景观型房产销售与服务，拓展旅游边界。随着以散客为主体的大众旅游者更加追求个性化、多样化旅游体验，刺激旅游产品供给，也使得旅游业与相关产业的融合力度不断加大。除了旅游六要素需求之外，游客对康体、健身、修学、研学等创意性旅游产品及徒步游、自驾游、高铁游、探险主题游、冰雪体育旅游等旅游形式更加青睐。新市场带来房车、汽车营地、汽车租赁、汽车旅馆以及旅游休闲步道、旅游信息、旅游咨询、旅游装备、旅游保险等新业态的发展与完善。新业态带来新的旅游产品，既能满足游客新的旅游需求，又能带动北京旅游原有产品的升级换代，同时带动其他产业的发展，为相关企业发展提供好的机遇。除了更多具有经济实力和竞争力的大企业集团正在以不同方式介入旅游相关服务业外，在国家政策引导下，北京将有大批独具特色的中小企业、小微企业，以各自不同的方式满足公众日益个性化、多样化的旅游需求。

2. 北京旅游业与其他产业融合实现全域发展的创新策略

首先，需要厘清旅游业与其他产业的融合关系，科学认识旅游产业融合的一般机理及特殊路径，用旅游业专项旅游产品将核心产业与其关联要素串联起来，形成链条式发展。旅游业可为其他产业带来丰富的客源或成为其他产业发展的有益补充，而其他产业可丰富旅游业的内涵。北京需要以核心业态为中心，注重核心产业发展，以核心产业的横向联系为突破口，重点考察旅游业与核心产业如何联系在一起，旅游产业融合中旅游资源的组织形式和产品空间结构，以及制定形成新的旅游业态发展政策与新型产品体系。

其次，充分整合资源，探索文化内涵，增加通过旅游供应链整合提供的产品和服务的文化特色，重塑城市的文化个性。城市的独特个性对于城市旅游的吸引力至关重要。北京有丰富的文化资源，虽然各城区具有一定的文化共性，但资源禀赋特征却不完全相同，各城区的发展有自己的特色。北京应根据每个城区的资源特点，明确城市旅游供应链中各景区景点的功能，制定差异化发展战略，准确定位，以凸显每个地区的独特个性，重点是优化旅游供给和创造差异化的旅游产品。根据北京旅游景区景点集聚的发展现状，首先要明确全市各个旅游景区景点的功能定位，突出重点旅游景区，发展高水平旅游景区，拉动低水平旅游景区的发展。北京主城区作为旅游核心区，不仅肩负着区域集散中心的功能，发挥着北京各郊区旅游目的地的聚集功能，同时还有充当旅游目的地的作用，具有观光、休闲、娱乐等功能，应明确各个景区景点在城市旅游中的功能和定位，为整合各景区景点构成旅游供应链网络奠定基础。

最后，深入挖掘城市旅游资源潜力，实施全面改革。具体包括：推进东城区古都保护，以旅游业促进现代服务业发展；促进海淀区旅游景区的市场化运作；开展延庆区"区景合一"旅游休闲发展改革试点，加强旅游和休闲服务；规划和开发一批重点旅游功能区，加快前门—大栅栏老北京旅游休闲区、天桥和天坛表演艺术区、798艺术区、通州文化旅游区、宋庄艺术区、房山旅游功能试验区、丰台宛平城文化旅游区、昌平旅游休闲购物综合体等多个旅游综合体的规划开发，形成集观光、娱乐、休闲、商务、美食、购物于一体的旅游产业聚集区。此外，北京应鼓励郊区依托当地农业文化特征，发展绿色生态农业旅游，促进农作物深加工产业与旅游业的结合，积极吸引旅游投资，创造优质产品，构建北京郊区特色文化旅游品牌。

3. 北京与津冀基于全域旅游共同打造综合旅游目的地

通过全域旅游带动共同打造京津冀综合旅游目的地，树立整体旅游品牌形象。全域旅游需要北京将所有城市景点和郊区景点打造成一个以休闲、生态、历史文化为主导的综合性的旅游目的地，并与周边的天津、河北地区共同创造美誉度、影响力高、旅游密度低的旅游目的地，共同探索国内和国际中长距离旅游市场。北京应基于资源整合和产品创新，联合天津、河北开发覆盖城乡的多元化旅游产品，包括城市旅游、休闲度假、健身娱乐、文化教育、红色旅游、生态旅游、特色旅游等。

（1）大力发展生态休闲旅游。

加快太行山生态旅游带建设，重点发展山水景观休闲旅游、健身休闲旅游、自然探险旅游、生态科学旅游等。北京、天津应根据周边城市的消费特征，推出短期旅游线路，并建立自驾车和房车营地系统，打造旅游绿道和风景秀丽的廊道。做好沿海生态休闲度假旅游带的开发，重点发展沿海度假旅游、海洋休闲旅游和岛屿生态旅游，并积极开发邮轮游艇、滨海温泉等高端休闲度假项目，开发京津地区国际论坛、会议、竞赛、演艺、婚庆、康体等适合四季旅游的新项目，打造海洋及岛屿旅游示范区、国际沿海休闲度假旅游区。北京联合天津、河北加强旅游线路设计、旅游分销体系建设，建立互送客源、互为旅游目的地的合作机制。

（2）发展壮大冰雪旅游产业。

京张联合申奥成功，是京津冀协同发展背景下加速区域一体化的助推器，将带动京津冀地区经济及旅游一体化的发展。2022年冬奥会举办将为北京、张家口带来更多的发展机遇，旅游产业、体育运动产业、基础设施产业、可再生能源产业等将获得更多的政策支持，特别是冰雪产业地产、旅游地产、酒店商业地产以及养老、度假、第二居所等将加大投资力度，借冬奥会东风，提速京北和河北地区发展。冬奥会的举办将创造出新的奥运遗产，吸引更多的冰雪运动爱好者，使滑雪成为一种健康的休闲方式，丰富京津冀地区的旅游资源，不断扩大京津冀三地旅游市场。充分利用2022年冬奥会的机遇，利用京津冀各自优势，共同打造冰雪产业链。北京将成为京津冀冰雪旅游产业发展的重要枢纽，三地联合打造冰雪产业技术研发创新中心；天津应重点建设冰雪制造研发基地；河北省需要利用其丰富的资源，建设高端冰雪运动基地，把张家口建设成为冰雪奥运城市，建成特色冰雪运动基地和温泉度假小镇，重点开展一系列体育运动休闲项目，包括滑雪、温泉、自驾、低空飞行等，最终打造完整的冰雪产业旅游供应链。借助冬奥会的品牌效应将会提升北京和张家口的旅游知名度和美誉度，为京津冀联合打造世界知名旅游品牌、拓展国际旅游市场提供契机。

（3）创新一批红色旅游精品线路。

京津冀地区具有悠久的红色文化历史，应依托红色文化资源，提升京津冀红色文化软实力。区域内红色文化资源的充分挖掘及开发，能够促进京津冀红色文化资源的传承与利用，使红色资源成为京津冀区域的历史文化名片；凝聚富有特色的京津冀红色文化精神，将红色文化与京津冀地区的传统文化及大众文化相融合，是提升京津冀文化软实力的重要途径。京津冀三省市的红色文化光彩照人，在不同的革命区域、不同的历史时期呈现出不同的文化景观。北京的天安门广场、中国人民抗日战争纪念馆、卢沟桥和宛平城、李大钊烈士陵园、顺义区焦庄户地道战遗址纪念馆等珍贵的红色革命遗址是革命历史的见证；辛亥革命后，天津成为中国的"政治后院"，代表性红色遗址有周恩来邓颖超纪念馆、平津战役纪念馆、小站练兵园、盘山烈士陵园等；河北是一片红色的沃土，红色革命遗址达130多处，全省138个县中有 131 个是革命老区，代表性遗址有：西柏坡中共中央旧址、129 师司令部旧址、晋冀鲁豫烈士陵园、晋察冀军区司令部旧址、狼牙山、白洋淀、地道战遗址、白求恩柯棣华纪念馆、李大钊纪念馆等。北京应联合天津、河北重点开展红色旅游主题教育、京津冀红色旅游等活动，精心安排一批反映不同历史时期、主题鲜明的红色旅游精品线路。同时，以"西柏坡红色旅游联盟"为互动合作的平台，加强红色旅游景区及景点之间的跨区域交流与合作，实现红色资源的共享及一体化发展。

六、做好文旅融合，联手打造京津冀特色旅游文化板块

1. 协调好北京历史文化遗产保护与城市发展的关系

党的十八大以来，国家非常重视北京的文化遗产保护和历史文化名城保护工作。2014 年习近平在北京视察时曾指出，"历史文化是城市的灵魂，要像爱惜自己的生命一样保护好城市历史文化遗产""要本着对历史负责、对人民负责的精神，传承历史文脉，处理好城市改造开发和历史文化遗产保护利用的关系，切实做到在保护中发展、在发展中保护"。2017 年习近平在北京视察时又指出，北京历史文化是中华文明源远流长的伟大见证，要更加精心保护好，凸显北京历史文化的整体价值，强化"首都风范""古都风韵""时代风貌"的城市特色。历史文化名城是首都北京作为全国文化中心的重要名片，也是北京作为世界著名城市的重要标识。北京具有 3000多年的建城史、860 多年的建都史，集中展现了我国古代都城建造艺术的最高成就，如雄伟的皇家建筑群、极具特色的北京四合院、胡同等传统建筑。正如习近平所言："北京是世界著名古都，丰富的历史文化遗产是一张金名片。"要向世界展示中华优秀传统文化遗产的价值，除了要站在北京城市发展的角度，还要站在建设世界城市的角度进行历史文化名城保护，切实把城市历史文化遗产看作城市发展的重要资源，并实现历史文化名城保护和北京城市发展的协同并进。

2. 加快北京城市文化建设与京津冀文化旅游协同发展

（1）借鉴世界级城市群经验加强京津冀文化旅游协同建设。

目前，国内对旅游观光的大众化旅游需求基本上已得到满足，游客更多的是高层次的精神和文化层面的个性化、体验化旅游需求。产品内在的文化属性及其与其他产品的差异所构成的观念价值将是旅游业高附加值的重要来源，观念价值可以吸引消费者为其所认同的旅游产品及服务支付更高的价格。京津冀区域内，自然类、人文类旅游资源非常丰富，应将旅游资源和文化创意有机整合，充分挖掘特色文化创意旅游资源，开发出文化型、休闲型、度假型旅游文化产品，赋予旅游产品丰富

的文化内涵，形成观念价值，进而提升旅游产品附加值，做大做强开辟旅游产业发展新市场。

借鉴世界级城市群的发展经验，明确城市文化旅游发展的规律后，发现加强北京城市旅游文化建设，实现京津冀文化与旅游的协同发展，对实现京津冀旅游一体化这一目标至关重要。北京、天津、河北的文化在具有各自特点的同时又具有很强的相关性。在京津冀协同发展中，三省市尚未形成统一的城市群文化符号，彼此的文化发展存在脱节现象，缺乏整合。作为京津冀城市群核心城市，北京的都市文化建设在京津冀一体化发展中起着主导和示范作用。然而在京津冀协同发展战略下，北京的城市旅游文化建设仍存在一系列问题，如缺乏支撑城市群发展的文化理念、文化产品和服务还不能完全满足城市群发展的多层次文化需求、公共旅游文化资源没有实现整合发展等。要服务于京津冀协同发展，北京必须主动创新文化建设理念，坚持首善意识、人文意识、生态意识和协同意识，带头促进京津冀三省市实现文旅融合及联动发展。津冀两省市也要丰富本地区旅游资源的文化内涵，深入挖掘文旅资源，开发高水平的文化旅游产品，增强新型文旅产品的知识性、趣味性及文化体验性，做好文化旅游一体化。

世界级城市群通常也是世界文化中心，京津冀要打造世界级城市群，同样需要文化认同、文化协同发展。从城市群文化的形成及互动过程来看，城市群内部的中心城市生产文化内容与样式，流动到边缘城市，边缘城市按照中心城市的文化逻辑对文化进行融合、加工、创造，形成相应的城市文化内容并反流回中心城市，形成城市群内外融合的文化生产与流动机制，以及相近的、可共享的城市群文化，强化城市群的文化认同。借鉴世界级城市群发展经验，以六大世界级城市群之一的美国东北部沿岸城市群为参照，比较其文化产业结构与布局，提炼城市文化传播的影响因素，得出加快首都北京的城市文化建设与京津冀文化协同发展的策略。京津冀文化经济在空间上表现为"一核两翼"发展格局，形成了分工明确的城市群文化协作模式，接下来一方面要提升北京作为核心区的文化产业集聚水平，强化文化内容生产环节，优化文化产业结构，另一方面要推动京津冀文化资源整合，强化城市群文化定位与文化协同。

京津冀三省市的文化具有深厚的关联性，北京作为京津冀城市群的核心，其城市文化建设对京津冀文化协同起着示范引领作用。目前京津冀三省市尚未形成统一的城市群文化符号，文化发展没有有机融合，缺乏合理的整体布局，北京的城市文化建设在文化理念、文化产品和服务方面还不能够有效支撑城市群发展需要。如城市群的多层次文化需要、市民的文化素养提升需求、公共文化资源的合理布局等。这就要求北京作为京津冀一体化发展的龙头，应基于首善意识、人文意识、生态意识和文化协同发展意识，基于北京自身全国文化中心的定位及京津冀协同发展核心的定位，主动创新文化建设理念，提炼出更有针对性和可操作性的适应城市群发展的文化理念，服务于京津冀城市群文化协同发展目标。京津冀世界级城市群的建设很大程度上取决于市民的文化素养，北京具备先进的科技储备和智慧储备，在文化建设理念及文化素养上应率先体现出高层次的城市发展目标，但北京部分人员的文化程度、文化素养还不高，对市民整体的文化素养造成了一定影响，所以亟须通过普惠性的文化措施提高市民文化素养，这也是北京城市文化建设必须要解决的问题。

（2）基于文旅融合发展都市旅游，塑造城市文化灵魂，彰显城市个性。

要实现京津冀旅游的繁荣发展，必须坚持三省市文化传承和发展并举的战略，找准京津冀城市群的文化特色，打造共同的文化形象，形成城市群鲜明的文化竞争优势。京津冀应用城市传统文化精髓塑造城市文化灵魂，弘扬城市精神、彰显城市个性、激发城市发展活力，培养高度的文化自信、深度的文化自觉，联合打造京津冀城市文化符号，培养游客对京津冀城市群文化的认同感和归属感。北京一方面要注重对城市历史文化遗产的保护、挖掘并传承利用各地的文化精髓；另一方面要注重对文化资源的整合利用，以开放的视野、兼容并包的心态充分吸纳优秀的文化发展成果，有效破除阻碍京津冀旅游一体化的文化因素，实现北京自身文化建设与京津冀文化协同发展的统一，进而实现北京城市文化建设及京津冀文旅一体化建设目标。

一是做好文旅融合工作。北京有皇城文化、长城文化、运河文化、三山五园，这四大文化板块如何落地以及如何整合发展是京津冀协同发展背景下北京亟须解决的问题。保护文化带是实施新的北京城市总体规划的重要任务。京津冀需要通过建立新的制度框架实现区域协同，构建覆盖京津冀三地的生态走廊，注重保护和传承，突出文化内涵和价值，努力建设世界级文化旅游品牌。例如，北京的三山五园历史悠久，文化内涵深厚，根据北京的城市规划，它将成为国家历史文化遗产的典型代表，是国际交流活动的重要载体，其在保留自身特色的同时应注重技术与文化的融合，创新与保护并重，重点打造高端文化旅游项目。此外，北京旅游业应及时创造新文化区，包括：休闲文化区，如什刹海、北京胡同精品民宿、南锣鼓巷休闲区；创意文化区及创意文化圈，如798艺术区、宋庄艺术区等；时尚文化区，如国贸商圈文化、三里屯时尚街购物区等；生活文化区，如极具北京特色的饮食文化区、服饰文化区、演艺文化区等。各种特色文化区整合发展可构成文化旅游综合生态系统。要实现建设世界级旅游城市的目标，北京需要在全域旅游的发展框架下重点发展文旅融合，给予文旅融合更多的发展动力，包括国际拉动、文化拉动、高端拉动、精品拉动等，通过创新融合发展满足游客日益差异化的文化体验需求。

二是实现都市旅游与城市的有机融合发展。北京发展都市旅游，不能仅围绕京味历史文化发展传统的观光旅游，重点是要实现都市旅游和城市的有机融合发展。可学习长三角核心城市上海的做法，其把都市旅游和城市发展有机嫁接在一起实现共同发展，把旅游和都市发展的新产业、城市的综合服务连接在一起。上海的都市旅游是融都市风光、都市文化和都市商业为一体的特色旅游，纳入了更多都市旅游的利益相关者，包括社区、当地居民。目前，老上海弄堂已成为上海主打的旅游景点，旅游目的地既有适合高消费群体的高档饭店，也有适合普通大众的阳春面馆。北京都市旅游的新业态目前层出不穷，给古都风貌的都市旅游带了来新的发展活力，有利于北京发展独具特色的都市旅游，政府要进行积极的鼓励和引导。同时，北京要在建设世界旅游城市的高度上包容多样的文化，形成自身的特色并引领世界城市发展方向，而不要被世界文化的潮流所融合。

　　北京尽管有巨大的京畿腹地，但其核心应该是都市旅游区。北京传统都市观光游如在老城区沿着中轴线观光不是现代意义上的都市旅游。其实，北京的传统文化为北京的都市旅游提供了很好的发展前提，如具有传统特色的北京京腔、北京传统色调、京调、老北京京味儿等，如何将传统的京味文化、北京旅游的魂和现代旅游需求相结合，是北京需要特别关注的问题。北京发展现代都市旅游应该具有宽广的视野，发展方向应该是国际化但不失京味文化内核，不应局限于吃住行游娱购旅游六要素产业，而应与现代产业如文化产业、会展产业、服务业、商贸业等充分融合，打造不同的全域旅游产业链，如北京品味产业链、北京设计产业链、北京憩居产业链和北京服务产业链等，融设计、科技、人居、文化于一体，做到旧城区元素与新时尚元素叠加，居住消费和游客旅游休闲紧密结合。比如在文化创意产业方面，北京旅游可以大有作为，如目前存在的小型特色文化主题类酒店，就是把北京的传统文化和现代特色旅游需求紧密结合在一起。北京都市旅游的发展是一个系统工程，北京的城市规划要适合都市旅游的发展。北京都市旅游要推出中高低档并存的适合不同消费层次的旅游产品和服务，从细微处入手，注重把游客、社区居民、中小微企业等多利益主体联结在一起，根据北京传统文化的特点，选取典型特色都市旅游开展试点，进而带动城市旅游的大发展。

3. 多举措联合打造京津冀特色旅游文化板块

　　根据京津冀的旅游资源类型、各地不同的文化特征和旅游开发现状，构建京津冀特色旅游文化板块，打造京津冀文化旅游协同发展示范区，使各地及各种形式的旅游文化产业形成互补、互助、互相促进的发展格局。重点打造三级旅游文化区：一级板块由北部板块和东北部板块组成，这两个板块作为京津冀主要的文化旅游区，相互联系，资源互补，可以实现文旅资源的整合发展，集中体现明清皇家文化。北部板块主要包括北京和承德，东北部板块主要有天津、唐山和秦皇岛。北京的故宫和承德的避暑山庄、木兰围场等旅游资源形成皇家旅游资源风格，吸引了众多外国游客；秦皇岛、唐山、天津的滨海旅游资源与北京相辅相成，有效吸引了国内外游客；故宫、明十三陵和清东陵构成了明清皇室生活及墓葬文化游；北京的八达岭长城、居庸关长城和秦皇岛的山海关、老龙头构成了经典的长城文化游。二级板块是中部板块，由北京、保定、沧州、天津和廊坊组成。在这里游客可以体验平民的皇家文化、殖民地文化和江湖文化，也可享受休闲游、沿海旅游及红色旅游体验。三级板块由三部分组成。包括张家口坝上草原太行山沿线条状板块，河北南部较浓郁的燕赵文化板块，张家口—保定—石家庄—邯郸—邢台西部一线，包括张家口坝上草原至河北境内的太行山西部带状板块。尤其是随着北京周边张承高速公路和张涿高速公路的开通，从张家口到承德、石家庄到张家口的旅程时间大大缩短，吸引了越来越多的游客前往。南部板块主要集中了燕赵文化，包括石家庄、衡水、邯郸和邢台，有自己独特的旅游资源，形成自身的文化特色。

北京和天津都属于国家级历史文化名城，北京在3000多年的城市发展过程中形成了特色鲜明的民风民俗。河北省作为中华文明的发祥地之一，同样历史悠久，民俗文化独具特色且文物古迹众多。京津冀列入世界非物质文化遗产名录的有京剧、唐山皮影、邯郸皮影、丰宁剪纸、蔚县剪纸5项，其中后4项均在河北。

4. 推动区域旅游文化品牌的营销、传播和维护

制定区域旅游文化营销战略，三省市联合进行营销与传播。首先，根据当前市场营销的整体情况，以游客需求为导向制定营销策略；其次，借鉴长三角和珠三角区域旅游文化营销传播的经验，积极参与国内外各类大型旅游展览及国际互动活动，由文旅企业联合组团参展，共同开展宣传推广活动，只有这样才能真正形成营销合力；最后，应跳出京津冀自身区域范围，放眼更大的区域市场，如环渤海市场和东北亚区域市场及国际市场，以吸引更多的区域外及国际游客为目标，制定创新性营销推广与传播方案。

北京应借助举办冬奥会的良好契机构建京张文化旅游产品服务及旅游市场联合营销协调机制。具体包括：成立两地旅游联合发展一体化管理委员会，开发无缝衔接的京张奥运文化旅游市场，联合营销，实现共建共赢；成立京张旅游供应链联盟，保障奥运游客跨京张两地的顺畅流动，提前计划并启动两地奥运旅游合作及联合品牌营销方案，着力推动"京张奥运智慧旅游先行区"建设，加大以张家口为代表的河北地区与北京旅游部门的全方位合作，联合培育旅游大市场；共同设计推出跨区

域的奥运专题文化旅游精品线路，联合召开发布会，共同打造京张文化旅游一体化品牌；启动两地旅游景区一卡通、一票通、一导游通等实现跨区域无障碍旅游；联合举办大型文化和旅游活动，深化文化资源的跨区域整合利用；建立京张一体化旅游综合服务平台和旅游电子商务平台，共同为游客提供跨区域的综合旅游服务。

5. 基于"一城三带一区一圈"打造世界级文化旅游圈

北京要立足首都城市功能战略定位，聚焦全国文化中心建设，优化文旅融合发展空间布局。北京在"一核一城三带两区"的总体规划框架下，要打造"一城三带一区一圈"的文旅融合发展格局，聚焦老城，打造世界级文化旅游典范区，依托"三带"，打造具有全球影响力的文化旅游带，辐射京津冀，打造世界级的文化旅游圈；要立足首都文脉底蕴深厚和文化资源集聚优势，不断丰富文化旅游产品供给和服务供给，做到"以文促旅，以旅彰文"，以旅游促进文化的传播与传承，以文化提升旅游品质和旅游体验，不断提高文旅融合发展质量，满足人民群众的旅游体验感、文化获得感与幸福感。具体地说，就是大力创新推出彰显古都文化、京味文化、创新文化、红色文化的艺术精品力作，全面提升北京文化旅游品质；构建老城和三山五园两大区域的文化旅游景观系统；打造大运河文化、西山永定河、长城文化旅游带；推进城市副中心、雁栖湖国际会都、奥体公园、798 艺术区等文化旅游区建设。北京应与天津、河北通过多举措联合推进体现京津冀历史文化遗产与特色文化的文化旅游带建设，构建京津冀文化旅游发展大格局。同时，加快建设京张、京承、京唐秦、京雄文化旅游休闲带和京冀长城文化旅游区、"通武廊"大运河文化旅游区，聚焦文化旅游项目建设，打造文旅融合精品项目，如目前丰台区正在推进卢沟桥国家文化公园建设，首旅集团正在建设环球主题公园等，努力推进文化旅游示范区建设，推动构建京张文化旅游圈，共同推进京津冀文化旅游市场联合开发和一体化共享。此外，北京还要聚焦供给侧结构性改革，提供优质文化旅游产品，实现高质量融合发展，要围绕城市副中心、南部地区、新首钢等重点区域加快推进实体项目建设和产业发展平台建设，[①] 注重传统和新型旅游景区同步发展，打出北京旅游发展的组合拳，以满足多样化的休闲旅游需求，完善北京旅游文化产品体系。

京津冀协同发展与大运河文化带保护建设。大运河文化带的保护与建设是北京加强文化中心建设、落实新版北京城市总体规划的重要任务之一。作为大运河重要的河段和节点，京津冀地区承担着保护建设大运河文化带的责任和使命，要注重系统保护传承，深入挖掘大运河的文化内涵，凸显文化价值，努力打造世界级文化品

---

① 陈冬，宋宇. 北京市文旅融合新发展［M］//北京旅游学会. 北京旅游绿皮书：北京旅游发展报告（2019）［M］. 北京：社会科学文献出版社，2019.

牌符号。

世界城市建设与"三山五园"地区保护。"三山五园"地区有丰富的历史文化底蕴和区域特色，根据北京新版城市总体规划，将建设成为国家历史文化传承典范地区和国际交往活动的重要载体。同时，"三山五园"区域处于城乡接合部，不能凸显皇家园林景区的地位，需要根据开发建设中存在的问题进行整治改造，提出注重科技和文化融合、布局重大高端文化旅游项目等改造策略。

第二节　京津冀旅游一体化下北京旅游发展的保障措施

一、强化一体化发展观念创新和顶层设计，破除机制障碍

观念创新是所有创新的前提。区域旅游合作是一项复杂的系统工程，需要逐步推进。区域旅游合作首先需要各合作成员在基本合作要素层面达成共识，并找准合作的切入点及突破口，从易于协同推进的方向开始。京津冀区域旅游一体化发展及北京旅游发展也要遵循这一原则。北京旅游首先应从京津冀协同发展的大局出发，转变旧的理念及发展思路，为跨区域旅游一体化发展提供新理念、新动能，突破原有惯性思维的阻碍，充分利用三省市地域相连、文化一脉、旅游资源互补的优势，借助于四通八达的交通网络，联合津冀共同打造京津冀综合旅游目的地，通过合理布局，政府推动，市场主导，协调社会多方利益参与者实现协同发展，提高京津冀综合竞争力，力争实现世界级城市群的建设目标。

首先，必须树立几种重要的发展观念。一是战略观：基于京津冀三省市的政治、经济、文化、社会和生态文明五个方面统筹进行战略布局。二是系统观：明确京津冀旅游一体化发展是一项复杂的系统工程，有必要找准起关键作用的支撑点、作用点及参数、要素，做出决策，制定相应的行动方案和措施建议，并对实施效果进行有效评价。三是市场观：基于京津冀协同发展为国家重大发展战略，明确京津冀旅游一体化发展的动力机制是政府的引导和推动，在此基础上重点做好市场要素的激活，市场机制是实现区域旅游系统良性循环的决定性机制。四是利益观：京津冀旅游一体化的发展过程很可能会打破原有的利益格局，需要各利益相关者树立正确的利益观，和谐发展。

其次，消除机制障碍，实施合理的责任分担、利益共享机制，实现互惠互利。北京旅游与周边地区实现紧密合作、协同发展，既能保留原来各个行政区的组织结构，最大限度地实现京津冀三省市各自利益的最大化，充分调动各方参与京津冀旅游合作的积极性和主动性；又能充分体现北京作为核心旅游城市的自身特色，使北

京在京津冀旅游一体化中的辐射带动作用得到最大限度的发挥。总的来说，需要共同规划、合理布局、跨区域整合市场、基础设施服务协调联动发展，最终形成统一、开放、功能齐全、竞争有序、活跃、和谐的市场体系。具体来说，一是以合作共赢为原则，建立政府合作交流平台、旅游专家智库平台和旅游企业联盟，搭建京津冀旅游一体化发展平台；二是基于三省市的资源互补优势，积极探索和完善基于旅游供应链整合的旅游资源和旅游产业协同发展模式；三是创新旅游服务体系，包括旅游信息服务体系、全域旅游综合服务体系、旅游业标准服务体系；四是充分发挥民营资本的优势，优化资源配置，促进更大范围的区域旅游经济协同发展；五是借鉴欧盟的经验建立国际旅游促销联盟及专项基金，注重京津冀旅游形象的对外统一宣传推广。

总之，应当以抱团精神朝着顶层目标一起努力，牢固树立合作共赢的"命运共同体"发展理念。京津冀应以形象鲜明的区域旅游品牌建设作为旅游一体化的重要抓手，建立跨部门、跨行业的旅游联合领导机制和协调机构，构建"五统一"的京津冀旅游服务体系：统一宣传推广；统一构建高效便捷的旅游公共服务体系；统一构建旅游业标准体系；统一组建旅游专家库，推动人才队伍建设；统一建立区域协调机构，打造京津冀无障碍旅游区。通过加快旅游基础设施跨区域对接、推出京津冀旅游线路，加快京津的优质旅游资源向河北辐射，有力带动河北旅游业的发展，使河北旅游业的接待与服务水平有效提升，同时有效缓解京津景区压力，实现京津冀旅游良性互动。

二、走一条政府推动、市场主导的"类市场"协调的道路

要实现京津冀三省市旅游产业的合作和市场融合，需要大力发展旅游关联产业，以扩大旅游需求、拓展市场规模、促进范围经济。京津冀应通过打造"京津冀一体化旅游供应链""京津冀无障碍旅游区"等举措，在拓宽游客旅游范围的同时，均衡京津冀区域旅游消费，带动三省市旅游均衡发展。政府部门要加强监管，完善法律法规体系，为促进和引导旅游市场的健康有序发展建立"绿色通道"，打造公平合理的旅游市场竞争环境，优化市场的同时不断扩大市场需求，充分发挥市场在资源配置中的决定性作用。

京津冀三省市的旅游影响力及旅游服务能力还存在较大差异。在旅游经济发展水平方面，北京的旅游经济发展水平及城市旅游影响力较高，天津的旅游影响力权重占到区域40%以上，这主要是由于北京天津旅游经济联系比较紧密，天津的旅游影响力被北京拉高，河北的旅游市场还没有被充分激活，依然有巨大的发展空间，旅游影响力不及京津。在旅游服务能力方面，如果用各地旅行社及A级旅行社数量

的绝对值与相对值来表示三省市的旅游服务能力，通过比较可得出：北京的旅游服务能力较强，相较于津冀两地来说服务能力有富余，河北和天津的旅游服务能力有待大幅度提升，尤其是河北的旅游接待及服务能力表现较弱，在京津冀协同发展背景下，亟须通过有效发挥京津冀旅游公共服务的协同效应来提高。

京津冀应坚持政府引导、市场主导的基本原则，构建"类市场"的政策机制，充分发挥"市场化"机制的主导力量，加快区域旅游市场的一体化整合，走一条"不平衡—再平衡"的道路。除了政府的政策引导外，坚持市场的主导力量，市场力量的推动是京津冀一体化发展长效的动力机制。京津冀应根据国内外游客不同的市场消费需求，利用各自区域市场的优势，开发适合的旅游产品和相关服务，联合进行市场推广，建立区域旅游市场一体化整合网络。

一方面，要充分发挥政府的引导推动作用。京津冀旅游一体化发展涉及三省市17个区县，这些区县有必要根据自身特点，充分调动有关部门在政府管理体制下进行协同合作。政府不应直接管理该地区的旅游企业，而是应该使旅游企业通过旅游行业协会的行业管理实现自律性管理。在这种模式下，政府、行业组织和旅游企业必须共同面对市场，通过各种关系的相互协调作用，最终形成符合市场规律的区域市场运作体系。其中，政府另一个最重要的作用是为旅游企业的发展创造良好的外部政策环境，在好的政策环境下京津冀三地政府才能充分发挥自身在参与京津冀旅游一体化中的积极作用。

另一方面，应充分发挥市场的主导作用，按照市场规律促进区域旅游要素的自由流动和优化配置。做好北京旅游与河北旅游的协同发展，已成为京津冀旅游一体化发展的难点和重点。在高铁化和信息化发展背景下，需要紧紧围绕这一难点和重点，形成有效的市场化动力机制，快速提升河北的旅游公共服务水平，构建人才、资金、信息自由流动的无障碍旅游区，这也是京津冀旅游一体化的重点。政府的统一规划和协调作用、对于河北旅游基础设施的投资加大，对于改善河北旅游公共服务有一定作用，但关键还是要找到市场的动力机制，充分发挥市场在资源配置中的决定性作用。为了使区域协同战略落到实处，有必要设立三地旅游企业共同发展基金，通过专项资金的激励作用，引导旅游企业积极参与到区域旅游一体化中；同时建立跨区域的旅游纠纷协调处理机制，消除三地旅游企业在旅游对话中的限制因素，如确认三地旅游企业的地位平等性；坚持"成熟一项，行动一项"的工作原则，实施三地轮流负责的旅游立法组织运行机制；充分发挥已经成立的京津冀协调发展领导小组办公室的作用，在其之下设立京津冀旅游协同发展委员会，并设立常设性服务机构，使得跨区域的各利益相关者能够实现平等对话和协商，走一条"政府推动、市场主导"的"类市场"的京津冀旅游一体化发展的新路。

三、构建跨区域旅游供应链联盟的利益共享机制和激励机制

1. 抓住三大机遇，促进京津冀旅游利益共享

一是抓住 144 小时过境免签政策，实现京津冀惠客政策共享。扩大 144 小时入境免签旅游优惠服务的旅游范围从仅限北京至京津冀全境。为入境游客在京津冀地区的自由流动创造便利条件。在北京首都国际机场、铁路西客站、天津滨海国际机场、天津国际邮轮母港、河北石家庄国际机场、秦皇岛海港建立统一的"京津冀过境免签尊享服务"，提供京津冀景区酒店优惠一卡通。借鉴免费的新加坡游经验，包装 2 小时京津冀免费游项目。旅游商品开展包括"100% 退款保证"和"2 倍差价退款"等活动。

二是抓住新机场机遇促进客源共享。在新机场、北京南站、北京西站等重要节点建立游客集散中心，作为批发中心统一采购京津冀地区的景区门票、住宿等，同时也接待散客、旅游团体等进行零售，利用北京的客源与津冀等周边地区的资源营利。鼓励首旅、一嗨、神州以及其他企业在集散中心附近大力发展租车业务，为外地来京游客提供自驾旅游机会是将来北京旅游业发展的重要增长点。

三是抓住冬奥会机遇，促进京津冀资源共享。北京张家口联合举办奥运会将加快改善北京、张家口的交通、市政等基础设施条件，提高医疗、教育等基本公共服务水平，促进体育文化、旅游休闲等低碳产业发展，优化生态环境，促进北京和张家口区域协调、可持续发展。

2. 推进旅游公共服务一体化，共建京津冀旅游利益共享保障机制

构建统一的旅游信息网，实现旅游信息一体化。建设综合性的旅游信息数据库，统一公布旅游景点、旅游供给等信息，为旅游者获取信息提供条件。

加强品牌融合，实现京津冀旅游品牌一体化。强化合作意识，整合特色旅游资源，打造京津冀统一的旅游品牌，联合营销。京津冀统一规划旅游线路，联合编制旅游"一本书、一张图、一张网"，共同设计红色旅游、冬季滑雪游、周末亲子游、摄影之旅、休闲自驾游、古村古镇游、滨海休闲游等满足各类人群需求的旅游线路。

完善区域交通网络，实现京津冀旅游交通一体化。京津冀三地联合发行的"交通联合"互通卡仅限于地面公交，同时河北部分地区尚未覆盖，加快实现京津冀三省市交通互通卡的区域全覆盖以及交通方式全覆盖，拓展互通卡使用范围至租车、

旅游消费等领域；完善"京津、京保石、京唐秦"之外的次区域高铁网络。

在旅游发展委员会指导下成立京津冀一体化的旅游市场合作监管协调小组。制定统一的区域旅游标准，形成常态化的沟通协调机制，三省市联合执法检查。在旅游市场监督检查方面，各级工商和市场监管部门对线上线下旅游市场同步开展监督检查，查资质、查合同、查广告；严厉整顿非法"一日游"，严查"黑导游""黑店面"。突出检查旅游商品市场、购物企业、旅行社以及景区景点、公路沿线休息区、火车码头等重点区域，对线下旅游市场违法行为进行清理排查。旅游部门与工商部门联合执法，查处涉旅商业贿赂、诱导购物、变相强迫购物、虚假宣传、欺诈消费等侵害旅游者合法权益的违法行为，及时处理旅游投诉，确保良好的京津冀旅游市场秩序。

3. 建立政府主导的战略联盟激励机制

在区域内建立多利益相关者的利益分配和激励机制，对于区域旅游一体化发展至关重要。旅游的利益相关者有地方政府、旅游开发商、旅游产品和服务供应商、旅游经销商、代理商、游客和当地居民等，如果缺乏有效的利益分配机制及激励机制，不能实现多利益相关者的利益平衡，势必会影响旅游供应链上各旅游要素供应企业的协同运作，进而影响区域旅游的一体化合作水平。因此，要实现旅游供应链整合体系的有效运作，有必要建立区域旅游供应链联盟的利益分配机制及激励机制，特别是经济利益分配机制，作为解决旅游供应链联盟中各种问题的激励机制。对于环京津基础设施建设薄弱的旅游企业，应该进行政策倾斜，鼓励其以建立旅游供应链联盟的形式，实现跨区域旅游集团化发展，构建联盟内有序竞争和合作，最终使联盟收益最大化。

此外，有必要实施一定的京津冀旅游合作利益共享补偿机制。为了京津的可持续发展，河北做出了一定的牺牲，因此京津应在政府主导下探索如何建立利益补偿机制，给予河北省在环境、空气、水等方面一定的利益补偿，并逐步加大补偿力度，可以通过产业帮扶、人员培训、产业合作等形式实现，并可进一步通过建立跨区域的利益共同体来实现。北京的旅游企业跨地区运营时，应充分考虑如何多吸纳津冀地区的当地人就业，增加对津冀地区的投资，保护当地旅游资源，通过多种方式促进合作地区尽可能获得更多的收益，只有这样才能充分发挥北京旅游的辐射扩散作用及空间溢出效应，调动津冀参与京津冀旅游一体化的积极性和主动性。同时，作为合作区域较为发达的一方，北京可以通过低息或无息贷款、政府援助等形式支持河北欠发达地区的旅游基础设施建设和人才培训，实现旅游精准扶贫。

四、完善京津冀旅游一体化的其他政策保障机制

1. 开创资本资源交换机制，实现京津冀资源共享

一是加强旅游品牌建设，实现人才与管理双输出。如首都旅游集团通过品牌战略不仅有效利用"建国""如家"等子品牌实现品牌对外输出，而且有效利用人才与资本优势，将北京建设为旅游高级管理人才聚集基地。北京将优秀的管理模式及旅游管理人才输出至津冀地区，实现人才加管理的双输出，构建区域旅游市场网络。如以首旅集团为代表的企业在津冀范围内，在渠道端及资源端采取跨界渗透和兼并重组的方式进行整合性投资，培育形成跨区域的旅游市场主体。

二是通过资源让利与生态补偿机制联合开发旅游大项目。特别是以长城、大运河、房山世界地质公园等为代表的线性遗产，充分利用京津冀地区北京的客源优势和资本与管理优势，与津冀的资源、土地、成本优势相结合，有效借鉴河北保定白石山经验，建立资源让利与生态补偿机制，使得资源方适度资源让利，资本方合理提供资源及生态补偿、开展旅游扶贫等形式，通过增强双方互动机制实现资源共享。

三是制定环境治理政策做好生态环境的保护。京津冀旅游的发展在很大程度上受区域生态环境条件的影响。京津冀这几年在区域环境质量形象的塑造上表现不佳，三地不缺乏优质的景观资源，却缺乏优质的环境，这极大地影响了京津冀旅游业的整体吸引力。游客共同追求好山好水好空气，所以京津冀有必要加强环境治理，提高生态环境质量，这也是京津冀旅游业发展的重点，这需要整合多部门的力量，实现管理合力。

四是北京政府应该为旅游企业创造良好的市场竞争环境，减少限制旅游企业发展的各种政策因素。包括减少对旅游企业开展自发区域合作进行限制的政策性法规，利用政策鼓励旅游企业与地方政府合作，联合进行良好的旅游产品开发和宣传，从而带动整个区域的经济发展。有效消除旅游新业态发展的各种政策障碍。比如当下新兴的旅游消费类型如民宿、共享住宿、定制游、研学旅游、康养旅游等，或多或少都会面临一定的政策障碍，如民宿和共享住宿在经营资质、消费安全、食品卫生、公安联网、税务等方面，需要出台相应管理规定使其制度化、合法化；定制游领域也存在定制师身份认证的问题，以及后续出现的如何划定责任等问题；研学旅游、康养旅游等均制定需要相应的产品及服务标准，使产品和服务更方便地推广以及更符合消费者的预期。

在政策保障机制的实现上，要重视实质性工作的落实与推进，需要统一梳理并明确目前京津冀旅游一体化合作中涉及的各项具体任务，如景区景点项目建设、旅

游基础设施建设、旅游公共服务建设、旅游产业整合、旅游整合营销策划等，有必要进一步明确行动计划中的工作关键点和轻重缓急，将任务落实到具体点，明确各部门的具体责任，制定相应评估体系，保证责任到位，确保各项工作落实到位。

2. 加强京津冀三省市之间相关政策的突破和有效对接

建议将跨区域旅游合作区与免税政策突破相结合，如建立免税店和免税购物区；成立京津冀旅游产业投资基金和旅游扶贫产业基金，构建更加现实的旅游经济运行体系、更完备的区域旅游统计体系以更好地指导决策、更及时的旅游质量监测机制、更综合的智慧旅游大数据平台。旅游消费的多少受日常消费转移的影响，而旅游日常消费的转移离不开完善的公共服务环境的营造，所以通过相应的政策引入及倾斜来改善河北的旅游公共服务环境，缩小与京津的差距，有利于提升河北的旅游消费。此外，制定环境治理政策做好生态环境的保护，京津冀旅游的发展在很大程度上受区域生态环境条件的影响，京津冀这几年在区域环境质量形象的塑造上表现不佳，三地不缺乏优质的景观资源，却缺乏优质的环境，这极大地影响了京津冀旅游业的整体吸引力。游客共同追求好山好水好空气，所以京津冀有必要加强环境治理，提高生态环境质量，这也是京津冀旅游业发展的重点，这需要整合多部门的力量，实现管理合力。三地在政策对接上，要重视实质性工作的落实与推进，统一梳理并明确目前京津冀旅游一体化中的各项任务，如景区景点项目建设、旅游基础设施建设、旅游公共服务建设、旅游产业整合、旅游整合营销策划等，进一步明确行动计划中的工作关键点和轻重缓急，将任务落实具体到时间节点的任务实现上，并明确各部门的具体责任，制定相应评估体系，保证责任到位，确保各项工作落实到位。

3. 破除机制政策障碍

政府应该为旅游企业创造良好的市场竞争环境，减少限制旅游企业发展的政策因素，减少对旅游企业开展区域合作进行限制的政策性法规，鼓励旅游企业与地方政府合作，联合进行旅游产品开发和宣传，从而带动整个区域的经济发展。有效消除旅游新业态发展的各种政策障碍。比如当下新兴的旅游消费类型如民宿、共享住宿、定制游、研学旅游、康养旅游等，或多或少都会面临一定的政策障碍，如民宿和共享住宿在经营资质、消费安全、食品卫生、公安联网、税务等方面，需要出台相应管理规定使其制度化、合法化；定制游领域也存在定制师身份认证的问题，以及后续出现的如何划定责任等问题；研学旅游、康养旅游等均制定需要相应的产品及服务标准，使产品和服务更方便推广以及更符合消费者的预期。

第八章 结论与展望

第一节 结论

京津冀区域合作目前正处于"爬坡过坎、滚石上山"快速发展的关键时期，各行业之间的联系越来越紧密，产业结构优化升级不断加快，可以利用旅游业综合性、强关联性特点，通过旅游先行来带动京津冀一体化发展。北京旅游业应抓住机遇，迎难而上，不断加强与旅游业相关的其他行业企业的融合，发挥旅游业在转方式、调结构、促合作中对区域一体化发展的带动作用，并基于北京城市总体规划，进一步发挥北京旅游业在京津冀区域旅游一体化合作框架中的引领者和主力军的作用。

北京的城市发展正处于历史的转折点，正在开辟一种新的城市发展模式。随着有效疏解非首都和京津冀协同发展的深入，如何发挥北京在京津冀一体化发展中的龙头引领作用成为一个重要的课题。要回答这一问题，首先要从理论上认识到北京的城市发展进入新的发展阶段，作为京津冀城市群的核心城市，北京肩负着重要的功能和使命，需要积极发挥扩散作用，辐射带动周边城市的发展。要实现这一功能定位，需要转变发展观念，从治理北京"大城市病"、疏解非首都功能转向通过充分发挥辐射扩散作用来带动疏解，只有将发展观念升华到这一层次，才能促进北京在京津冀一体化发展中充分发挥带头作用，彰显北京旅游的优势。

北京是京津冀一体化发展的核心和引擎，它应该主动进行非首都功能的疏解并有所作为。北京旅游要发挥重要的辐射带动作用，关键在于转变发展方式，构建跨区域旅游供应链联盟，用微观的旅游供应链整合带动中观的旅游产业结构的深度调整，用供应链管理的整合思想解决区域一体化发展问题，通过旅游供应链管理来优化旅游供给，提升北京旅游服务水平，进一步解决旅游供需矛盾，满足人民大众日益增长的旅游需求，进而将北京建设成为世界级城市。北京旅游应与城市互动发展，充分发挥其在推动旅游企业联盟合作、旅游公共服务提升、旅游国际形象打造等方面的积极作用；创新发展北京全域旅游，构建基于旅游供应链整合的全域旅游生态体系，实现全域旅游生态链的全要素打造，使北京旅游在服务和建设世界级旅游城市群中发挥重要作用。基于旅游供应链联盟及虚拟旅游产业集群，构建京津冀旅游供应链整合体系，使北京与津冀在区域旅游合作中实现更高标准、更高水平的发展，不仅有利于推动区域旅游一体化发展战略的落实，更有利于更好地发挥首都北京在区域旅游一体化发展中的核心引领和带动作用，实现区域旅游合作共生共赢目标的同时，更能突出京津冀一体化发展中的北京优势。

目前，我国区域旅游合作已经形成了长三角、珠三角、京津冀三足鼎立的局面，但三者旅游合作的进程不尽相同，长三角和珠三角地区旅游合作的速度远远超过京津冀地区，并形成了一套适合自己的区域旅游合作模式。本书对京津冀地区与长三角和珠三角地区的旅游一体化状况进行对比，明确了三者旅游一体化的本质差别，并借鉴国外区域旅游合作的先进经验，基于京津冀区域旅游一体化要解决的关键问题，提出供应链视角下京津冀区域旅游合作的模式。在这种合作模式的基础上，笔者又基于北京市旅游发展现状，深入研究在向建设世界城市目标迈进的过程中北京旅游的发展定位及路径，以供应链视角对京津冀旅游一体化下的北京旅游发展提出对策建议，积极为推进北京旅游业的发展出谋划策。

建设跨区域旅游城市群，是国务院发布的《"十三五"旅游业发展规划》的重要内容。京津冀旅游的协同发展，归根结底是为了人民的幸福，为了不断增强人民的获得感，有效地解决旅游供需矛盾，打破北京旅游的虹吸效应、遮蔽效应及马太效应，破除不良影响，促进三省市旅游资源与市场的融合发展。通过区域旅游协同创新带来新的经济效益，有效提高人民生活水平，切实改善民生，这是京津冀区域旅游一体化必须要实现的目标。北京市政府和旅游相关部门及企业必须紧紧把握大众旅游需求的变化趋势，通过旅游要素企业的跨区域整合和创新，实现旅游要素的跨区域无障碍流动，充分利用旅游电子商务的优势构建旅游供应链整合网络，形成基于旅游供应链整合的虚拟旅游产业集群，充分发展全域旅游，进而打造京津冀区域旅游一体化发展的升级版，最终实现京津冀共同建设世界级城市群的战略目标。

第二节 发展前景展望

在众多产业中，旅游业较容易进行协同发展，在京津冀协同发展的新阶段，旅游业的发展必将大有作为。作为第三产业旅游业的龙头，涉及很多产业，在京津冀协同发展平台上旅游业的整合发展，必将带动产业链中其他产业的发展，助力京津冀社会经济的全面协同发展。京津冀旅游一体化发展的关键是达成理念上的共识，并有可操作性的规划跟进，实现京津冀三省市旅游的联动发展。要实现京津冀区域旅游的一体化，必须明确京津冀三省市各自的旅游功能定位，充分发挥各自旅游的比较优势，调整优化旅游产业结构，加快推进错位发展与融合发展，创新旅游合作模式，在疏解北京非首都功能进程中实现区域旅游良性互动，促进京津冀旅游协同发展。

京津冀接下来应借助 2022 年冬奥会举办和雄安新区发展的良好契机，牢固树立一盘棋的旅游协同发展观，继续深化三省市旅游机制体制协同，加快协同发展步伐，构建京津冀文化和旅游圈，加快旅游协同示范区建设，搭建三省市共享的旅游信用信息监管平台，协同编制多规合一的全域旅游发展规划，推动京津冀旅游标准共用共推，推出跨区域国际旅游线路，展现出京津冀协同发展新气象。

京津冀是全国重要的旅游目的地和客源地，京津冀旅游协同发展前景巨大，业界充满信心。未来，京津冀旅游协同发展应依托京津冀协同发展大战略布局，突出全域旅游发展理念，以质量提升为中心、以转型升级为主线、以融合创新为动力。京津冀旅游协同发展应做到"三个聚焦"：一要聚焦需求，产品升级，挖掘大众旅游潜在需求，促进旅游消费；二要聚焦"长板"，让"长板"更长，优势互补；三要聚焦要素，精细分工，尽快建立京津冀旅游供应链联盟。京津冀区域旅游一体化关键要做好两点，一是错位发展，二是协同发展。从错位发展来说，北京作为旅游集散地，主要承载入境旅游和国内长线旅游市场，促进各类要素向周边铺开；天津应加强旅游服务接待与基础设施建设，凸显环渤海区域次级旅游集散中心的功能；河北应借助于交通一体化体系，分流京津客流，做好产业衔接。从协同发展来看，要用战略思维审视和谋划区域旅游合作，做到思想理念上、行动上、利益上的协同。

未来，北京应牢牢把握首都城市战略定位，坚定文化自信，聚焦"一核一城三带两区"全国文化中心建设，着力提升北京的城市文化品位、城市竞争力和国际影响力，满足人民对美好文化和旅游生活的需求。北京应继续依托京津冀旅游协调机制，推进旅游组织一体化、旅游管理一体化、旅游市场一体化、旅游协调一体化；推进旅游示范区建设；加强旅游市场一体化建设，组织京津冀旅游联合推广活动；加大京津冀旅游产业发展力度，联合津冀开展旅游项目招商引资活动；加强京津冀旅游行业管理，推进京津冀旅游标准化建设，开展旅游联合质监执法等。

着眼于国际一流世界城市建设，拓展新视野，紧跟世界旅游发展新趋势、新动态，可见，走合作化发展的道路是当前旅游业发展的一种大趋势。区域旅游合作是面对竞争的一种战略抉择，具有一定规律性，有着根本的时代动因，即世界经济文化一体化推进下的更高层面上的社会性、全球性竞争，涉及旅游经济的各个要素。总之，旅游合作化是为了适应时代发展的新形势、新挑战、新的市场分割而做出的一种选择，实质是旅游业在新世纪的一种内在大整合。

参考文献

［1］ Alison Morrison. The management of small tourism & hospitality firms ［J］. Annals of Tourism Research, 2000 (1): 244-246.

［2］ Bill Bramwell, Angela Sharman. Collaboration in local tourism policy making ［J］. Annals of Tourism Research, 1999, 26 (2): 392-415.

［3］ Gimenez C, Ventura E. Logistics-production, logistics-marketing and external integratio: Their impact on performance ［J］. International Journal of Operations & Production Management, 2005 (1): 20-38.

［4］ Jamal T B, Donald Getz. Collaboration theory and community tourism planning ［J］. Annals of Tourism Research, 1995, 22 (1): 186-204.

［5］ Kari Aanonsen. National cooperation and strategic alliances: The tourism bussiness in Norway enters the net ［M］//A. Min Tjoa. Information and communication technologies in tourism ［M］. New York: Springer, 1997.

［6］ Klaus Weiermair, Patricia Kneisl. Tourist cooperation and Net works ［J］. Tourism and Hospitality Management, 1996, 2 (1): 89-93.

［7］ Law C M. Urban Tourism: Attracting visitors to large cities ［M］. London: Mansell, 1993.

［8］ Ozturk I, Almulali U, Saboori B. Investigating the environmental kuznets curve hypothesis: The role of tourism and ecological footprint ［J］. Environmental Science and Pollution Research, 2016, 23 (2): 1916-1928.

［9］ Pagell M. Understanding the factors that enable and inhibit the integration of operations, purchasing and logistics ［J］. Journal of Operations Management, 2004 (5): 459-487.

［10］ Power D. Supply chain management integration and implementation: A literature review ［J］. Supply Chain Management: An Intcrnational Journal, 2005, 10 (4): 252-263.

［11］ 安金明. 北京旅游发展报告（2019）［M］. 北京：社会科学文献出版社，2019.

［12］ 白长虹，妥艳娟. 京津冀旅游一体化中的理论与实践问题——多中心治理理论的视角 ［J］. 旅游学刊，2014（11）：16-19.

［13］白长虹等. 京津冀区域旅游与文化产业协同发展研究——五力驱动、产业协同、滨海先行［C］. 2011 京津冀区域协作论坛论文集，2011.

［14］白翠玲，苗泽华等. 基于帕累托最优的京津冀旅游企业合作路径选择［J］. 商业研究，2008（10）：37-40.

［15］白淑军，肖少英，王靖. 京津冀区域旅游一体化现实困境与发展模式研究［J］. 城市，2013（4）：33-36.

［16］薄文广，周立群. 长三角区域一体化的经验借鉴及对京津冀协同发展的启示［J］. 城市，2014（5）：8-11.

［17］薄文广，周立群. 京津冀协同发展应借鉴长三角的经验［J］. 南开学报（哲学社会科学版），2015（1）：160.

［18］陈传康. 华北文化旅游区与京津冀旅游开发协作［J］. 城市问题，1989（3）：62-65.

［19］陈继祥，王芳. 皖北区域旅游一体化信息服务平台的构建［J］. 西昌学院学报（自然科学版），2014，28（4）：93-95.

［20］陈晓永，阴明州. 区域旅游发展协同度分析及评价模型构建——基于京津冀一体化的视角［J］. 河北经贸大学学报（综合版），2015，15（1）：79-82.

［21］陈永昶，王玉成. 智慧旅游驱动京津冀区域旅游协同发展机理与路径［J］. 河北大学学报（哲学社会科学版），2018（9）：62-70.

［22］戴斌，黄璜. 区域旅游一体化的理论建构与战略设计——以京津冀为例［J］. 人文地理，2016（3）：128-135.

［23］戴学锋. 旅游协同发展——引领京津冀一体化的重要力量［J］. 旅游学刊，2014，29（11）：19-20.

［24］单晨，陈艺丹. 京津冀旅游产业—区域经济—社会事业协调发展差异研究［J］. 经济与管理，2020（5）：1-2.

［25］董静，李永生，栗惠英. 京津冀区域旅游研究综述［J］. 石家庄铁路职业技术学院学报，2012（4）：87-90.

［26］董亚娟. 供需视角下入境旅游流驱动与城市目的地响应耦合关系研究［D］. 西安：陕西师范大学博士学位论文，2012.

［27］窦群. 以信息化助推京津冀区域旅游一体化［J］. 旅游学刊，2014，29（10）：19.

［28］范晓梅，李艳，杨会娟. 区域旅游合作中的京津冀都市圈结构模式探讨［J］. 特区经济，2010（4）：53-55.

［29］冯毅，温靖. 世界城市与北京旅游发展的目标取向研究［M］. 北京：旅游

教育出版社，2011.

[30] 冯智恩. 新形势下京津冀区域旅游协同发展探索［J］. 产业与科技论坛，2015（6）：27-28.

[31] 高杨，马耀峰，刘军胜. 旅游业—城市化—生态环境耦合协调及发展类型研究——以京津冀地区为例［J］. 陕西师范大学学报（自然科学版），2016，44（5）：109-118.

[32] 葛立成，聂献忠，李文峰. 长三角区域旅游一体化研究［J］. 浙江社会科学，2006（2）：215-219.

[33] 郭海玲等. 旅游服务供应链形成动因及其模式演进［J］. 物流技术，2011（12）：169-174.

[34] 郭伟，卢遵伟. 旅游供应链结构演进及其核心企业重构［J］. 企业经济，2014（7）：110-113.

[35] 郭伟，卢遵伟. 旅游供应链结构演进及其核心企业重构［J］. 企业经济，2014（7）：110-113.

[36] 郝寿义，安虎森. 区域经济学［M］. 北京：经济科学出版社，2004.

[37] 河北省旅游发展委员会. 2017年河北省旅游业发展报告与2018年发展展望［M］. 北京：中国旅游出版社，2018.

[38] 侯兵. 文化旅游的区域协同发展：模式与对策［M］. 北京：经济科学出版社，2018.

[39] 侯秀芳. 京津冀旅游产业链整合的实现模式分析［J］. 经济论坛，2015（4）：15-17.

[40] 贾明. 京津冀旅游一体化背景下北京中山公园面临的问题及对策浅析［C］. 中国公园协会2015年年会论文集，2015.

[41] 贾玉成. 旅游区域一体化动力机制与政策研究［J］. 改革与战略，2005（6）：56-59.

[42] 靳诚，陆玉麒. 区域旅游一体化进程中边界效应的定量化研究——以长江三角洲地区入境旅游为例［J］. 旅游学刊，2008，23（10）：34-39.

[43] 李登科. 京津冀地区旅游发展趋势探讨［J］. 旅游学刊，1988（2）：53-57.

[44] 李兰冰，郭琪，吕程. 雄安新区与京津冀世界级城市群建设［J］. 南开学报（哲学社会科学版），2017（4）：22-31.

[45] 李万立，李平，张萍萍. 欧洲旅行社供应链管理实践与启示［J］. 桂林旅游高等专科学校学报，2006（1）：112-115.

[46] 李志飞，夏磊. 中三角区域旅游一体化发展战略研究［J］. 湖北大学学报

（哲学社会科学版），2013，40（3）：124-128.

［47］厉新建，张凌云，崔莉．全域旅游：建设世界一流旅游目的地的理念创新——以北京为例［J］．人文地理，2013（3）：130-134.

［48］厉新建．关于建设世界一流旅游城市的思考［J］．商业研究，2012（9）：160-164.

［49］刘德谦．关于京津冀旅游协同发展的回望［J］．旅游学刊，2014（11）：13-15.

［50］刘锋．三大视角探析京津冀区域旅游合作［J］．旅游学刊，2014（10）：15-16.

［51］刘丽娟．京津冀都市圈旅游产业的集聚研究［J］．特区经济，2011（6）：52-54.

［52］刘思敏．京津冀一体化旅游发展的问题与对策［J］．旅游学刊，2014，29（10）：16-18.

［53］刘宇青，徐虹．基于供应链整合的旅游目的地竞争力提升研究——以京津冀区域旅游目的地为例［J］．青岛酒店管理职业技术学院学报，2010（4）：1-8.

［54］鲁岩召，王宁．旅游产业与社会发展耦合协调研究［J］．资源开发与市场，2019，35（6）：855-860.

［55］陆相林，孙中伟，马世猛．京津冀区域城市旅游共生关系分析与协同发展对策［J］．经济地理，2016（4）：181-187.

［56］路科．旅游业供应链新模式初探［J］．旅游学刊，2006（3）：30-33.

［57］路紫．承接京津旅游扩散的重要基础——河北省城市化［J］．旅游学刊，2014（10）：18-19.

［58］吕典玮，张琦．京津冀区域一体化中的市场一体化研究［D］．上海：华东师范大学硕士学位论文，2011.

［59］旅游3.0：全域旅游时代如何重构旅游产业链？［EB/OL］．搜狐网，https：//www．sohu．com/a/135005937_115035，2017-04-19.

［60］孟祥林．以旅游拨动河北经济：京津冀一体化理念下的发展对策分析［J］．天津商业大学学报，2009（3）：3-9.

［61］倪文斌，张怀修．供应链整合研究综述［J］．商业经济，2010（10）：68-70.

［62］宁泽群等．京津冀地区的旅游联动发展：模式、对象与路径［J］．北京联合大学学报（人文社会科学版），2013（1）：106-116.

［63］任劲劲．全域旅游背景下的旅游目的地供应链研究［J］．阴山学刊，2018（2）：96-98.

［64］宋露露，袁国宏．国内旅游供应链研究综述［J］．商业经济研究，2015

（6）：121-123.

[65] 宋增文，罗希，周辉等．京津冀区域视野的北京旅游发展新思路——北京旅游发展新五年规划探索 [J]．城市规划通讯，2017（10）：15-16.

[66] 苏建军．基于旅游城市化视角下的城市旅游区域一体化研究——以晋陕豫黄河金三角地区为例 [J]．山西财经大学学报，2010，32（1）：84.

[67] 唐鑫，陆小成．世界级城市群与京津冀协同发展 [M]．北京：中国经济出版社，2018.

[68] 陶春峰．区域旅游服务供应链联盟研究 [M]．北京：社会科学文献出版社，2016.

[69] 汪秋菊．北京市旅游产业发展特征及效应研究 [M]．北京：中国旅游出版社，2016.

[70] 王凤娇．京津冀区域旅游经济差异及影响因素研究 [D]．秦皇岛：燕山大学硕士学位论文，2016.

[71] 王娟．京津冀旅游资源一体化发展研究 [D]．秦皇岛：燕山大学硕士学位论文，2013.

[72] 王凯，易静．区域旅游产业集聚与绩效的关系研究——基于中国31个省区的实证 [J]．地理科学进展，2005（4）：21-25.

[73] 王丽娟，高丽敏．北京旅游响应京津冀旅游协同发展的对策研究 [J]．北京财贸职业学院学报，2017（6）：20-23.

[74] 王璐璐，虞虎，周彬．浙江省旅游产业与区域经济发展的耦合协调度分析 [J]．地域研究与开发，2017（6）：87-92.

[75] 王湘．优化北京旅游环境，促进京津冀区域旅游发展 [C]．2011 京津冀区域协作论坛论文集，2011.

[76] 王衍用．孟子故里旅游开发战略研究 [J]．地理学与国土研究，1993，13（2）：44-46.

[77] 魏小安．京津冀旅游一体化的动力与推力 [J]．旅游学刊，2014，29（10）：13.

[78] 文魁，祝尔娟．京津冀蓝皮书：京津冀区域一体化发展报告（2015）[M]．北京：社会科学文献出版社，2015.

[79] 吴国清．基于区域旅游一体化的城市旅游资源整合 [N]．中国旅游报，2006-06-02（6）.

[80] 吴国清．区域旅游城市化与城市旅游区域化研究——兼论长三角一体化的旅游互动 [J]．地域研究与开发，2008，27（1）：51-55.

［81］吴泓，吴晓梅．长江三角洲旅游一体化格局和机制研究［J］．东华大学学报，2008（12）：308-310.

［82］吴群刚，杨开忠．关于京津冀区域一体化发展的思考［J］．城市科学，2010，1（19）：11-16.

［83］向丽，胡珑瑛．长江经济带旅游产业与城市人居环境耦合协调研究［J］．经济问题探索，2018（4）：80-89.

［84］新闻分析："京津冀"旅游一体化为何难敌"江浙沪"？［EB/OL］．中华人民共和国政府网，http：//www.gov.cn/xinwen/2014-05/02/content_ 2670316.htm，2014-05-02.

［85］熊亚丹．旅游城市化与城市旅游化关系探讨——兼论城市与旅游互动发展的保障路径构建［J］．商业时代，2013（18）：127-129.

［86］徐虹，秦达郭．我国区域旅游一体化发展比较研究——以京津冀和长三角旅游区为例［J］．天津商业大学学报，2015，35（1）：36-40.

［87］徐虹．供需环境变化对旅游目的地供应链内涵的影响研究［J］．北京第二外国语学院学报，2009（9）：14-19.

［88］许春晓．旅游地屏蔽理论研究［J］．热带地理，2001（1）：61-65.

［89］杨旭英．京津冀协同发展趋势下的区域性旅游创新研究［M］．成都：电子科技大学出版社，2017.

［90］杨振之，陈谨．"形象遮蔽"与"形象叠加"的理论与实证研究［J］．旅游学刊，2003（3）：63-65.

［91］杨振之，李枫．度假旅游发展与区域旅游业的转型升级——第十五届全国区域旅游开发学术研讨会暨度假旅游论坛综述［J］．旅游学刊，2010（12）：90-91.

［92］袁丽婷，白华．旅游供应链协同整合的电子商务模式初探［J］．管理科学与工程，2011（10）：279-283.

［93］袁园．京津冀区域旅游一体化评价［D］．北京：北京交通大学硕士学位论文，2017.

［94］张补宏，韩俊刚．珠三角区域旅游一体化机制创新探析［J］．地理与地理信息科学，2011，27（6）：96-100.

［95］张广海，刘佳．环渤海地区旅游产业集群构建与区域整合研究［J］．改革与战略，2007（2）：82.

［96］张广瑞．京津冀旅游合作发展的新起点［J］．首都经济，2003（11）：11-12.

［97］张辉，厉新建．旅游经济学原理［M］．北京：旅游教育出版社，2004.

［98］张凌云，程璐．北京旅游业在建设世界城市中的优势与不足——北京与巴

黎等世界四大城市旅游发展差异比较［J］.北京社会科学，2010（5）：41-50.

［99］张凌云.旅游地空间竞争的交叉弹性分析［J］.地理学与国土研究，1989（2）：41-43.

［100］张巍巍.基于现代物流理念的旅游产业供应链重塑和整合研究［J］.物流技术，2013（3）：161-163.

［101］张亚明等.京津冀区域旅游经济系统动力学分析［J］.管理学报，2009，6（10）：1330-1339.

［102］张延伟.京津冀旅游一体化发展研究［D］.石家庄：河北大学硕士学位论文，2015.

［103］赵黎明.京津冀协同发展，旅游业先行破局［J］.旅游学刊，2014（10）：14-15.

［104］郑四渭.虚拟集群式旅游供应链模型构建研究［J］.旅游学刊，2014（2）：46-54.

［105］中国旅游研究院.中国区域旅游发展年度报告（2014-2015）［M］.北京：旅游教育出版社，2015.

［106］朱晨.基于GEM模型的京津冀区域旅游产业发展研究［D］.天津：天津工业大学硕士学位论文，2017.

［107］邹统钎，秦亚亚，王小方.旅游目的地城市竞争力评价模型研究——北京与上海竞争力比较［J］.旅游研究，2011，3（2）：1-6，10.

附　录

附录一　京津冀协同背景下跨区域旅游合作访谈基本提纲

一、访谈对象基本信息

姓名：　　　　所在企业及部门：　　　　职位：

二、访谈提纲

1. 您认为京津冀协同发展战略实施后当地旅游业的发展有何变化？

2. 京津冀旅游协同发展运行后给您的工作带来了哪些便利？

3. 京津冀旅游协同发展运行后给您的工作带来了哪些挑战？

4. 您在跨区域合作过程中遇到了哪些问题？问题的原因是什么。

5. 跨区域合作中，企业双方信任程度如何？是哪些考虑因素导致了不信任？

6. 跨区域合作中，企业彼此的依赖性高吗？合作持久性如何？

7. 合作企业之间的交流频率如何？交流质量如何？

8. 合作企业之间的信息分享和资源获取如何？有什么困难吗？

9. 合作双方是否发生过冲突？是如何解决冲突的？

10. 是否有共同的解决冲突的机构供企业双方寻求帮助？

11. 企业双方旅游产品具有互补性吗？能否共同开发旅游产品？

12. 合作双方能共同开发旅游客源市场吗？或者能否共享客源市场？

13. 您认为京津冀区域目前有统一的对外宣传旅游形象吗？

14. 您所理解的京津冀对外统一宣传的旅游形象是什么？如何营销？

15. 您认为京津冀区域旅游合作还有哪些方面需要改进？

附录二　京津冀跨区域旅游企业合作影响因素调查问卷

尊敬的女士/先生：

您好！非常感谢您在百忙之中抽出时间帮助我们完成这份问卷。

本问卷旨在通过调研京津冀三省市旅游企业参与跨区域旅游合作的情况，发现京津冀旅游协同发展进程推动下影响企业进行跨区域旅游合作的因素有哪些，为京津冀区域旅游合作提出合理的建议。本次调查结果仅供本人所主持的北京市社会科学基金项目研究所用，与企业相关的资料及企业的意见反馈将保密。请您按照所接触的旅游企业的实际情况如实填写。

非常感谢您的配合！

2018 年 9 月

第一部分：被调查企业基本情况（请在您选择的选项下面画"√"）

1. 企业所属的类型：

A. 旅行社　　　　B. 旅游集团　　　C. 景区景点　　　D. 其他旅游要素企业

2. 企业的规模：

A. 30 人以下　　　B. 30～60 人　　　C. 61～150 人　　D. 150 人以上

3. 企业的从业时间：

A. 2 年及以下　　B. 3～6 年　　　　C. 7～10 年　　　D. 10 年以上

4. 企业的属性：

A. 独立企业　　　B. 集团公司　　　C. 子公司

第二部分：企业合作的意愿及行为（下面是关于企业在参与京津冀旅游协同中与另一企业进行跨区域旅游合作所持有的观念及所采取的行为，请您在符合的选项下面画"√"。）

1. 对于合作双方企业的信任程度，您认为哪一项符合：

	完全不同意	不完全同意	一般	同意	完全同意
（1）相信合作行为对合作双方都是有利的	1	2	3	4	5
（2）认为对方企业有较强的忠诚度	1	2	3	4	5
（3）相信对方企业能按照约定去积极行动	1	2	3	4	5
（4）相信合作双方能达成合作目的	1	2	3	4	5

2. 在双方企业的合作持久性方面，您哪一项符合：

	完全不同意	不完全同意	一般	同意	完全同意
（1）目前的合作值得双方尽最大的努力来维持	1	2	3	4	5
（2）企业双方合作时间维持在至少两年以上	1	2	3	4	5
（3）任何一方没有要更换合作者的意愿或行为	1	2	3	4	5
（4）即使有第三方介入，双方也不会中断合作	1	2	3	4	5

3. 在双方企业合作和交流层面，您认为哪一项符合：

	完全不同意	不完全同意	一般	同意	完全同意
（1）企业与对方的合作是有计划的，行为是协调的	1	2	3	4	5
（2）企业与对方的交流是及时的、有效的	1	2	3	4	5
（3）企业与对方有信息分享的平台	1	2	3	4	5
（4）企业会积极向对方提供有用的产品信息	1	2	3	4	5

4. 在合作频度和深度方面，您认为哪一项符合：

	完全不同意	不完全同意	一般	同意	完全同意
（1）双方在合作期内碰面研讨次数较多	1	2	3	4	5
（2）双方合作的总体时间较长	1	2	3	4	5
（3）双方合作较深入，能够彼此信赖并依赖	1	2	3	4	5
（4）双方能够通过旅游合作解决实质性问题	1	2	3	4	5

5. 在旅游合作产品方面，您认为哪一项符合：

	完全不同意	不完全同意	一般	同意	完全同意
（1）双方共同打造同一旅游产品	1	2	3	4	5
（2）双方打造彼此关联的产品线	1	2	3	4	5
（3）双方充分挖掘开发互补性产品	1	2	3	4	5
（4）双方期望分享彼此的旅游产品信息	1	2	3	4	5

6. 当冲突发生时，合作双方解决冲突的下列行为发生的频率如何：

	很少见	较常见	一般	较频繁	很频繁
（1）双方试图缓和问题，共同解决	1	2	3	4	5
（2）一方试图说服和控制另一方	1	2	3	4	5
（3）双方都会做出让步	1	2	3	4	5

（4）有相关协调机构来解决　　　　1　　　2　　　3　　　4　　　5

第三部分：对企业跨区域旅游合作成功度的调查（请在您认为符合的选项下面画"√"）

在合作成功度层面，哪一项符合：

	完全不同意	不完全同意	一般	同意	完全同意
1. 企业合作双方有主动合作的意愿	1	2	3	4	5
2. 企业认为对方具有较强的合作能力	1	2	3	4	5
3. 合作双方对合作取得的成效是满意的	1	2	3	4	5
4. 合作双方认为付出的努力是值得的	1	2	3	4	5
5. 合作双方继续合作的意愿强烈	1	2	3	4	5

再次感谢您的参与和合作！

后　记

本书是在笔者作为项目负责人主持完成的北京市社会科学基金项目"京津冀旅游一体化下北京旅游发展定位与路径研究"（项目编号：16YJC044）结项报告的基础上完成的。该项目已在2019年顺利通过北京市哲学社会科学规划办公室的结项验收。自承担该项目以来，笔者作为课题负责人带领课题组成员积极开展项目研究，深入调研了解京津冀旅游一体化发展现状及京津冀旅游一体化进程中北京旅游的发展现状，着手课题研究报告及本书的撰写，并与经济管理出版社签订了出版协议。

本书不仅是北京市社会科学基金项目的研究成果，也是笔者长期研究京津冀区域旅游协同及旅游供应链的学术思想的结晶。笔者2014年从中国社会科学院研究生院旅游管理专业博士毕业之后，就开始致力于旅游供应链、京津冀区域旅游协同发展方向的研究，对区域旅游供应链联盟、虚拟旅游产业集群、京津冀区域旅游合作等进行了系统的分析与研究，发表论文《基于旅游服务供应链联盟的京津冀区域旅游合作策略研究》《基于旅游供应链联盟的京津冀无障碍旅游区构建研究》《旅游服务供应链与旅游产业虚拟集群的耦合分析》等，由经济管理出版社出版专著《散客时代背景下旅游服务供应链整合管理研究》。此后，笔者一直关注并思考京津冀区域旅游一体化中北京旅游的发展定位、发展路径和发展策略等方面的发展实际情况及相关研究。

作为北京高校的一名教师，笔者始终坚持以为所在区域的旅游行业服务为宗旨。在课题研究过程中，笔者重视调查研究，重视理论联系实际，重视最新发展趋势，重视为北京旅游业发展建言献策。笔者曾经作为发言嘉宾参加由北京市社科联主办、北京经济管理职业学院承办的"2016学术前沿论坛——京津冀协同发展与北京城市副中心建设"学术论坛，发表主旨演讲"京津冀协同发展，旅游当先行"，论坛内容被人民网、光明网、搜狐网等报道；同时，一直以来笔者积极参加京津冀协同发展相关的学术论坛，曾参加国际城市论坛京津冀协同发展2016年年会，所投论文《基于旅游供应链联盟的京津冀无障碍旅游区构建研究》入选年会论文库；连续两年参加由北京旅游学会、北京联合大学联合主办的首都旅游发展论坛。正是由于多年坚持不懈的专注研究和学术积累，才能为本书的撰写奠定了坚实的基础。

本人在工作之余，充分利用业余时间，牺牲了节假日和陪伴家人、孩子的时间，在中国社会科学院财经战略研究院几位研究员老师以及所在单位科研处领导的帮助和支持下，终于完成了书稿的撰写工作。本书的顺利出版，是对本人付出的最大回报，更加坚定了本人在区域旅游协同发展和旅游供应链领域深入研究的信心，是一种很好的激励。

本书在撰写过程中参考了很多文献，很多学者的思想和方法使我受益匪浅，尤其是张广瑞、刘德谦、刘思敏、张凌云、戴学锋、厉新建、路紫、徐虹、陶春峰、郑四渭等学者的研究成果，在此对各位学者表示衷心的感谢。

感谢经济管理出版社的杨雪编辑，本书的顺利出版离不开出版社工作人员的辛勤工作和持续沟通。

由于本人学识浅薄，在本书完成过程中难免会有疏漏与不妥之处，敬请各位专家学者和广大读者批评指正，不吝赐教，各种宝贵的建议将是我们持续改进的动力。学术研究永远没有完成时只有进行时，让我们一起并肩继续前行！

赵慧娟

2020 年 5 月